中学语文教学形态实践指南

主编
胡春梅　朱俊阳

副主编
常雪鹰　卢　杨　张　琨

华文出版社
SINO-CULTURE PRESS

图书在版编目（CIP）数据

中学语文教学形态实践指南 / 胡春梅，朱俊阳主编；常雪鹰，卢杨，张琨副主编. -- 北京：华文出版社，2023.12
ISBN 978-7-5075-5707-7

Ⅰ.①中… Ⅱ.①胡… ②朱… ③常… ④卢… ⑤张… Ⅲ.①中学语文课—教学研究 Ⅳ.①G633.302

中国国家版本馆CIP数据核字(2023)第229341号

中学语文教学形态实践指南

主　　编：	胡春梅　朱俊阳
副 主 编：	常雪鹰　卢　杨　张　琨
责任编辑：	刘超平
出版发行：	华文出版社
地　　址：	北京市西城区广外大街305号8区2号楼
邮政编码：	100055
网　　址：	http://www.hwcbs.cn
电　　话：	总编室 010-58336239　责任编辑 010-58336222
	发行部 010-58336267
经　　销：	新华书店
印　　刷：	北京建宏印刷有限公司
开　　本：	710mm×1000mm　1/16
印　　张：	13.25
字　　数：	180千字
版　　次：	2023年12月第1版
印　　次：	2023年12月第1次印刷
标准书号：	ISBN 978-7-5075-5707-7
定　　价：	46.00元

版权所有　侵权必究

序　言

2016年9月13日，"中国学生发展核心素养"研究成果正式发布。语文教育从"双基"要求到"三维目标"，发展到现今的核心素养。学科核心素养是学科育人价值的集中体现，是学生通过学科学习而逐步形成的正确的价值观念、必备品格与关键能力。只有以核心素养为本，才能推进语文课程的深层次改革。"让学生多经历、体验各类启示性、陶冶性的语文学习活动，逐渐形成多方面要素的综合与内化。"核心素养背景下教学方式的变革，要求语文教学突破单篇教学一统天下的局面，以多元的教学形态满足学生的多样化需求，促进学生的个体成长。这也为语文教师的专业发展带来新的课题。

单篇教学在语文学科教学的历史上早已有之。在新课程改革的背景下，除了单篇教学，在实践中还出现了多种结构化文本的教学形态：由群文作为载体的专题教学，由整本书作为载体的整本书阅读教学，以及由学习项目作为载体的学习任务群。这三类新的教学形态均以具有一定"结构"的多个单篇文本为学习材料，在真实的言语情境中通过完成典型的学习任务，实现知识与能力，过程与方法，情感、态度与价值观的整合，整体提升学生的语文素养。可以看出，专题教学、整本书阅读教学和学习任务群，不只是教学载体的变化，同时也伴随着教学内容的统整与升级、学习方式的变革与创新。因而，本书将这些活跃在一线教学的新老元素分别阐述，也希望在对比之中突出各自的优长。

单篇教学，是一种传统的教学形式。顾名思义，即以单篇课文作为单位来设计与实施语文教学。这与我们长期采用"文选式"教科书密切相关，至今也是占据主导地位的一种教学形式。如《荷塘月色》《拿来主义》等教学案例。

专题教学，即将多篇学习材料组元形成专题，组元的依据有的是人文主题，有的是语文要素，有的是学生在学习中产生的问题，等等。组成专题的各篇材料，承担不同的教学功能，其学习方式也相应不同。例如《鲁迅笔下的女性形象》《古诗词中"月"的意象》等教学案例。

整本书阅读教学，也称为书册阅读教学。整本书阅读教学选用成本的书册作为教学材料，以此培养学生驾驭长篇幅、多头绪、大容量语文材料的能力。如今整本书阅读教学在统编教材中有明确的体现，例如初中每一册教材结合不同单元的内容，列入两本书册要求学生阅读，包括《西游记》《骆驼祥子》《海底两万里》等中外名著。高中新教材也将《乡土中国》与《红楼梦》作为必修阶段的学习内容。

学习任务群，以任务为导向，以学习项目为载体，整合学习情境、学习内容、学习方法和学习资源，引导学生在运用语言的过程中提升语文素养。若干学习项目组成学习任务群。高中课程标准规定了18个学习任务群，分为必修、选择性必修和选修三类课程，学习任务群之间既有差异也有联系。教师既可以依托教材自然单元进行学习任务群的教学设计，也可以基于教材统整进行学习任务群的教学设计，或者立足学生发展进行研究性学习设计。

在北京教育学院教师培训体系中，"青蓝计划"培训项目（现改为"优秀青年教师培训项目"）的学员是十年左右教龄的青年骨干教师，他们具有较高的思想政治素质和师德修养水平，具备中级及以上专业技术职务和拥有区级骨干教师及以上的荣誉称号，具有较高的专业发展潜质，在学校或者区域内发挥一定的引领作用。只有具备突出的学科育人能力、较强的课程开发能力、较强的教育科研能力、较强的团队管理能力、开阔的教育教学视野，才能在个体专业发展的进程中承担起核心素养背景下语文教学变革的重任。本书仅以语文教学形态为切入点，为"青蓝计划"的学员们提供理论补给与案例分享，希望让他们已有的教学观念有所转变、对他们未来的教学研究有所启示。

本书依据"青蓝计划"培训项目的学科课程结构，分为《单篇教学》(含两章内容)、《专题教学》、《整本书阅读教学》和《学习任务群教学实施》五章，每章分为"理论指导""教学案例""专家点评"三部分内容。《单篇教学》分为"叙事文教学"与"古诗文教学"两部分，由卢杨老师和常雪鹰老师分别完成；《专题教学》由朱俊阳老师主笔完成；《整本书阅读教学》由胡春梅老师主笔完成；《学习任务群教学实施》由张琨和许艳老师合作完成。每章节的内容，既是"青蓝计划"实施四年以来的经验总结，也是每位教师潜心研究的成果。本书既可以作为青蓝学员培训期间的教材用书，也可以作为广大一线教师借鉴参考、自我提升的学习用书。衷心感谢参编者的良苦用心和辛勤付出，感谢勤奋好学的青蓝学员提供的优秀课例，感谢专家精辟深刻的点评！所有的努力，最终都希望我们培养的学生学有所获，成长为未来社会合格的公民。

本书唯愿阅读者：青出于蓝，而胜于蓝。

胡春梅
2020年4月
2022年8月暑期修改

目 录

第一章　单篇教学一：叙事文教学
　　第一节　理论指导：基于叙事结构，优化教学策略 / 003
　　第二节　教学案例：《散步》/ 019
　　第三节　专家点评：以叙事结构外显学生思维 / 028

第二章　单篇教学二：古诗文教学
　　第一节　理论指导：古代文论视域下的教学内容选择 / 035
　　第二节　教学案例：《过秦论》/ 047
　　第三节　专家点评：以翻转课堂实现深度阅读 / 061

第三章　专题教学
　　第一节　理论指导：内容统整，变教为学 / 067
　　第二节　教学案例："鲁迅作品中的理想社会" / 085
　　第三节　专家点评：以问题解决提升语文素养 / 106

第四章　整本书阅读教学
　　第一节　理论指导：整本书阅读教学体系探索 / 115

第二节　教学案例：《论语》/ 133

第三节　专家点评：以学生为本实现整本书阅读 / 157

第五章　学习任务群教学实施

第一节　理论指导：任务导向下的典型言语实践 / 163

第二节　教学案例："在生活中学语文、用语文" / 181

第三节　专家点评：以语文实践提升综合能力 / 201

第一章

单篇教学一：叙事文教学

单篇教学，是语文教学最基本的一种教学形态，即以单篇课文为单位来设计与实施语文教学。单篇教学与我国传统的"文选式"教科书编写有密切关系，"文选式"教科书即以篇章的方式将选文一篇一篇地汇编在一起，相应的教学方式即一篇一篇地教课文。随着语文教材编写的发展，传统的"文选式"发展为"单元式"的编写方式，即将一组选文提炼出共同的特点加以编排，如以相同文体归类的文体单元、以相同主题归类的主题单元，也有同时考虑文体与主题的文体－主题单元。相应的语文教学方式由"一篇一篇地教"转变为"一组一组地教"，单篇课文教学转化为单元下的单篇教学。北京教育学院"青蓝计划"培训项目的培训对象定位为探索期教师，即工作第10年左右的语文教师。这一阶段的教师对单篇教学的教学内部组织比较熟练，同时不满足于一篇一篇地教，开始追求跨文本重组教材、教学内容结构化，具备单元视野下进行单篇教学的能力，对学生学习叙事文读写存在的问题也有自己的认识，并形成相应的反思，同时亟需知识更新及理论提升，以期向成熟期及专家期阶段迈进。本书将以叙事文和古诗文为例谈谈文体组元下的单篇教学。

叙事文教学在初中阶段是重要的教学内容，叙事能力也是初中生需要养成的必备能力。夏丏尊在《文章作法》中指出："记述人和物的动作、变化，或事实的推移的现象的文字，称为叙事文。"[①]新课程改革之前的语文教材多将叙事文归属于记叙文中，属记叙文中的一种，即通常所说的写人记事类记叙文，以此区别记叙文中的另外一种写景状物类记叙文。《义务教育语文课程标准》（2022年版）延续2001年《全日制义务教育语文课程标准》（实验稿）的"叙事性作品"，肯定了叙事文文体的独立地位。

初中生叙事文阅读中存在哪些问题？叙事文写作存在哪些突出问题？叙事文读写教学一般是怎样做的？将叙事文置于"叙事性作品"文体之下，与以往置于记叙文文体之下相比，有哪些优势？可以解决以往叙事文教学中存在的哪些问题？下面分别从叙事文单篇教学的理论指导、教学案例、专家点评几个方面进行介绍。

---

① 夏丏尊、刘薰宇：《文章作法》，中华书局，2013年版，第23页。

第一节　理论指导：基于叙事结构，优化教学策略

教材中叙事性作品文体多样，写实类有叙事性散文、新闻报道、人物传记等；虚构类有小说、戏剧、寓言、传说、童话、故事等，如此多的文体从叙事角度看有没有共通的规律？叙事结构就是叙事性作品共通的组织内容的规律。掌握了叙事结构的特点，对学生掌握叙事文的阅读方法具有提纲挈领的作用；帮助教师以结构规律知识为支撑，化个为类，整合教材，在教学中做减法；有助于提升学生的学科思维，也有助于教师突破常规教学的难点，收到较好的教学效果。

一、叙事结构

（一）叙事结构

事件是由什么构成的？简明地说，事件就是"主人公面临困境—解决困境"，或者是"主人公面临问题—解决问题"的框架结构。主人公因为某种目的（动机），面临某种问题或困境，凭自己或他人的帮助，解决了问题，摆脱了困境，这就是故事的结构。

（二）叙事文意义生成机制

在"困境—解决"这样的结构中，事件怎么就有意义了呢？或者说意义产生的机制是怎样的呢？事件与意义的关系就在于主人公解决问题的成功与否，透露出他所用的方法是否得当，以及方法背后的世界观是否正确，读者把故事投射到自己的生活世界中，借此理解和解释故

事的主题。

(三)叙事弧线：叙事结构的可视化表示

叙事弧线是叙事文中事件或故事的组织结构的图像化表示。运用叙事弧线，可使事件的本质更加直观。在叙事弧线中，横轴表示故事的时间，纵轴表示故事的发展变化。一个完整的故事，叙事弧线一般可划分为五个阶段。第一个阶段是阐述或者背景，作者要告诉读者故事的主人公是谁，介绍故事发生的背景，为即将要出现的困境做交代。第二个阶段是上升阶段，即故事的展开。这里面可以编织主人公为实现目标而做出的努力，过程中主人公的困惑、隐忍和坚持，以及危机出现前的伏笔悬念等，是人物陷入困境及困境层层加深的过程，也是人物动作行为和情感力量的积蓄过程。第三个阶段是危机，它是叙事弧线的尖峰，是人物面临严峻困境时所采取的行动或决定，故事此时开始出现转折。第四个阶段是高潮，这时人物将对危机采取行动，高潮是人物解决危机的一系列事件。第五个阶段是下降动作/结局，故事放缓，接近尾声。依据这个可视化弧线，可将阅读中读到的故事情节变化节点清晰地标注在弧

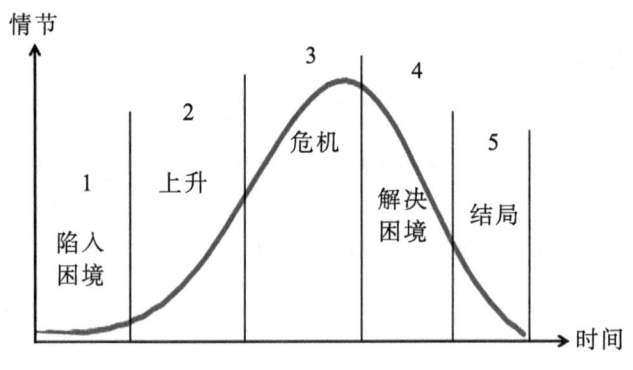

图1-1　叙事弧线①

---

①选自杰克·哈特（Jack Hart）：《故事技巧——叙事性非虚构文学写作指南》，叶青、曾轶峰译，中国人民大学出版社，2012年版，第22页。略有改动。

线上面，从而准确地把握故事的结构。从图1-1中可以看到，在这个事件中，主人公陷入了困境，这个困境不断深化，直到危急关头，最后解决困境，故事结束。这一过程是动态变化的过程，而在解决困境的高潮部分表现出来的人物特点就是文章的主题。

二、教材解读

在学习了叙事结构理论后，在不同类型的文本里尝试以叙事结构为工具进行解读，可帮助师生理清文章的结构，分析人物形象，理解文章主旨。下面结合统编教材对部分叙事文本从叙事结构角度进行解读。

（一）基于叙事结构理论对叙事散文《散步》的解读[①]

《散步》作为叙事性散文，情节不算曲折，矛盾点却非常集中且凸显。开篇就把读者带入"我"的两难处境中——全家在走哪条路的问题上产生了分歧。母亲选择走大路，年迈体衰的她刚刚熬过了一个艰苦的寒冬，她的身体只允许她走大路，因为大路平顺；儿子选择走小路，年幼活泼、充满活力的孩子喜欢崎岖小路的富于变化和优美风光。如何解决这一分歧就是摆在"我"面前的难题。在一番思量后"我"决定委屈儿子，顺从母亲走大路。"我"为什么用这样的方法解决这个问题？理由是"我"认为伴同儿子的时日还长。从文中信息可以推断出，这里隐含的意思是"我伴同母亲的时日不多了"。"我"选择顺从母亲走大路，背后的思考是"我"深切地感受到母亲来日无多，十分珍视母亲日渐衰老的生命。这里，对老去生命的尊重就可以从"我"选择走大路背后的想法中推断得出。这就是事件通往主题理解的路径。后来，因母亲改变了主意又提出另一个解决问题的方法，即母亲决定走小路，并且建议在

---

① 卢杨、孙琳：《初中语文"叙事文阅读"单元的教学设计与实施》，载于顿继安主编《多维目标单元教学：设计与实施（初中篇）》，北京师范大学出版社，2020年版，第76—77页。

走不过去的地方，让"我"背着她过去。一家人最后走了小路，在不好走的地方，"我"背起母亲，"我"的妻子背起了儿子。在新的解决问题方法中，作者领悟到作为成熟生命的中年人在传承生命、珍视老去的生命、保护幼小生命中所拥有的力量感和责任感。

作者莫怀戚曾在《〈散步〉的写作契机》一文中指出，"这是一次真实的散步，有真人真景及部分真事（细节）"，但是"为了突出'责任感'，特意改造出歧路之争……事实是有歧路，无争执——祖母宠孙子，一下子就依了他。但不加改造，无以产生表现力"①。所谓"改造"，在这里就是作者运用"矛盾—解决"情节构造原则对事实进行了加工。通过构造"矛盾—解决"结构，作者的写作意图就在矛盾及解决矛盾所用的方法及方法背后的想法中呈现出来。读者要想理解作者所表达的写作意图，需透过事件或情节中"矛盾—矛盾解决的方法"这条路径，联系自己的生活实际，从中汲取经验教训或者获得生活启示，进而理解作品的主题。从创作角度来看，作者构造出事件的矛盾及矛盾解决的过程，才能使事件更恰当地表达自己的写作意图。从理解角度来看，读者要读出"事件内在的矛盾—矛盾解决"的深层构造才能理解作品所表现的主题。这就是"矛盾—解决"结构与意义生成的内在关联。

（二）基于叙事结构理论对文言小说《狼》的文本分析②

故事的阐述部分"一屠晚归，担中肉尽，止有剩骨。途中两狼，缀行甚远"，交代了必要的记叙要素，读者通过这寥寥几句清楚地认识了故事中的人物、处境及即将面临的困境。"晚归"点出时间；有狼"缀行"，体现环境荒僻；一屠两狼数量对比悬殊；屠户担中所剩无几的骨头是故事继续发展的一条引线。笔墨寥寥，却给读者留下了无限的遐想空间，烘托了紧张的气氛。

---

① 莫怀戚：《〈散步〉的写作契机》，《语文学习》，1995年第3期。
② 卢杨、孙琳：《初中语文"叙事文阅读"单元的教学设计与实施》，载于顿继安主编《多维目标单元教学：设计与实施（初中篇）》，北京师范大学出版社，2020年版，第74页。略有改动。

故事的上升动作中,屠户的希望与幻灭交替。屠户投骨满足狼之贪欲以求保全性命的行为如同扬汤止沸,当骨投尽之时,两狼并驱如故。故事至此,屠户是否会成为两狼的腹中餐呢?危机降临,一切都悬而未决,事情会朝着任何一个可能的方向发展。危机是叙事弧线的尖峰,会给事件带来深刻的变化。屠户一味地妥协退让、姑息满足两狼的做法不能解决问题,于是出现新的活动场景——麦场积薪,在这个场景中屠户弛担持刀与狼对峙。是什么让这一危机化解?是置之死地而后生的领悟,这就是叙事弧线中的领悟点。这一领悟点已经和文章的中心很接近了,面对恶势力妥协退让是不行的,必须勇敢地与之斗争。危机之后,就是故事的高潮,也就是解决危机的一系列事件。《狼》的高潮部分依旧跌宕起伏。屠户杀狼的部分也可以画个小小的叙事弧线,一狼径去埋下伏笔,按下不表,前狼假寐诱敌,瓦解屠户的警觉,屠户抓准时机,刀劈狼首毙命。危机似乎解决,然而柴草堆后打洞的另一狼又将读者的心抓住,屠户手起刀落,结果了后狼的性命。由此看来,危机的解决,来源于之前提到的领悟点,即斗争的勇气,还有赖于奋起反抗的屠户的聪慧与细心。这两个领悟点加在一起就是这篇小说带给人们的启示。故事就是这样通过不断地构造"矛盾—解决"结构,解决问题,使得情节引人入胜,作品的意义因此熠熠生辉。

(三)基于叙事结构理论对小说《台阶》的文本分析[①]

《台阶》这篇小说讲述的是一个普通农村的农民父亲为了实现修建高台阶房子的梦想辛劳一生的故事。

故事的开端是父亲梦想修建一座有着高高台阶的新房。故事的发展部分就是为修建台阶而做的各种准备。当然,在文章的分析过程中还要体会台阶对父亲来说意味着什么,台阶高意味着地位高,所以造一座

---

① 卢杨、孙琳:《初中语文"叙事文阅读"单元的教学设计与实施》,载于顿继安主编《多维目标单元教学:设计与实施(初中篇)》,北京师范大学出版社,2020年版,第75—76页。

高台阶的房子是父亲对提高自己地位的一种追求。这是父亲的精神追求——被别人尊重和拥有社会地位。其实，要想修建新房新台阶，这也是一种物质追求——过上好的生活，两者相加就是父亲的理想。由此，物质与精神双重的理想就具化在了这高高的台阶之上，也是父亲一生辛勤奋进的唯一动力。故事的高潮部分就是新房修建完毕、新台阶修建好的时候。因新台阶的修建实现了父亲的梦想，而这一梦想的实现有赖于父亲是一个踏实本分、吃苦耐劳的农民，他身上所体现出来的精神就是中国农民骨子里的精神——坚忍勤劳。这也是本文主旨的一部分：赞颂中国农民的典型品格。

台阶修成了，按理说，父亲的理想实现了，可是故事并没有结束。父亲反而越发失落起来，整个人衰老了，身体也垮了，心灵空虚了，精神也颓丧了。这又说明了什么呢？这部分文字实际上是在探究父亲的精神世界。台阶是父亲生活的动力，是他理想的具化。新台阶的修成只是完成了他在物质方面的追求，并没有实现他在精神领域的追求，他为了实现梦想，透支了自身的健康、自己的精气神。随着新台阶的落成，随之而来的是父亲身体的朽垮，而要强的他并不接受自己的衰老。更重要的是，物质文明即使提高了也并不能带来他所需要的精神上的充实，因为他已经没有了生命奔赴的方向，没有了新的目标，这时的父亲茫然了，想再去做点力所能及的事情，身体不允许；想回归原本的乡里关系，台阶成了无形的障碍，也不允许。最关键的是，他希望得到的尊重和地位也并没有真切地拥有。此时的父亲该怎么办呢？作者把这其中无法解决的困境抛给读者去思考，因为这是一个目前无法解决的困境。

所以，本篇小说的主题就是两个部分的相加，既赞颂了像父亲一样坚忍如山、辛劳一生的中国农民，又表达了物质文明实现后精神追求不能实现的错位。

叙事结构超越了散文、小说等文体，也超越了文言文与现代文的语体。从更上位的叙事的角度把握文体的特点，关注事件的组织规律，关注事件如何安排才能更好地表达意义等内在机制。把握叙事结构理论，为教师更全面深入地理解教材拓展了理论视野，为指导学生学会阅读与写作叙事文提供了思维工具。从叙事角度进行叙事文教学，也有利于扭转叙事文教学的随意性、重复性等问题，使叙事文教学走向理性化的澄明。

三、学情分析

初中生叙事文阅读中存在哪些问题？叙事文写作存在哪些突出问题？叙事文读写教学通常是怎样开展的？这些习惯做法是否有效？对学生问题的及时诊断及对习惯做法的反思有助于探索期教师跳出教学舒适区，促进自身的专业成长。

（一）初中生叙事文阅读存在的问题

初中生叙事文阅读存在的问题是，只对情节做大略感知，在文章里寻章摘句或者只凭所谓的经验在文章开头结尾通过议论抒情句来推断主题，得出的主题经常失之偏颇甚或与主题相悖，考试答不到点子上。

（二）初中生叙事文写作存在的突出问题

初中生叙事文写作存在的最突出的问题，是事件的详略处理不当，往往不深入思考，内容写了一大堆，关键部分却一笔带过。由此引发了另一个问题，就是材料详略处理与主题没有对应关系，待事件叙述差不多了，就给文章加上一个"帽子"或贴上一个"标签"，导致主题与事件脱节，或者主题不清晰。

（三）教学中的习惯做法

阅读教学中，教师对叙事文的理解策略通常是通过对重点语句、关键段、细节描写进行品析等手段来理解叙事文主题，或者按教参或现成教案的结论确定主题。阅读教学中，教学过程从结果倒推主题，设置多个与主题相关的问题"引君入瓮"，诱导学生得出教师想要的答案；或者让学生各抒己见，用解读的多元化来解释主题的不确定性，学生得出的主题往往模糊、不通透。

在叙事文教学中把握主要事件是教学的重要环节，但不同教师对这一环节采取的引导方法不同，有的教师给出归纳事件的思维工具，有的直接让学生归纳。不同教师所运用的思维工具也不同，有的教师运用传统的"六要素"法，也有的教师运用"矛盾—解决"法来引导学生把握事件。教师所用时间也不同，有的时间长，参与学生多；有的时间短，仅叫一两名同学回答问题，最后由教师总结归纳。

在叙事文教学中把握主题通常作为教学的重点环节，很多教师没有将叙事文中的事件与主题建立联系，或者说没有把事件作为探讨主题的主要手段，而往往是另辟蹊径，重点通过对文章的关键语句、人物形象、细节描写品析等手段来讲解叙事文的主题。

在写作教学中，教师对学生作文的评价通常从详略角度进行指导，教师在讲评作文时只是强调学生习作中结构上的详略处理不当、费心费力地写一大堆评语、作文讲评课有针对性地讲详略处理，但学生作文的改进并不大。教师不知道该如何操作，学生也不知道该如何修改。此外，读写结合、以读促写是写作教学中常用的方法。但是，对于读写结合在哪些方面能够有效帮助学生解决写作中的困难，如何提高学生写作能力等，很多教师也并不清楚。

（四）对教学中习惯做法的反思

在叙事文读写教学中，学生存在的困难是缺少叙事文文体结构意识。这与教师在教学中缺少这方面的指导有直接关系。教师在单篇叙事文教学中，没有将叙事结构的知识及把握叙事结构的方法教授给学生，或者教得不充分；缺乏由单篇到多篇、由特殊性到一般性的归纳与总结。叙事文文体结构有怎样的规律？叙事文文体结构与表达主题之间有怎样的内在机制？由于教学中缺乏这方面的指导或指导不充分，结果学生在阅读中把握叙事文主题没有章法，写作时往往不假思索地匆匆下笔，结构混乱、详略不当也就随之而生，中心自然也不突出。

在上文中，我们介绍了叙事结构的相关理论，目的是从叙事本质角度进一步把握叙事文表情达意的内在结构机制，突破记叙文的文体限制。通过把握叙事结构，我们希望教师对传统叙事文教学中的一般做法进行改进和策略优化，以获得传统习惯做法难以达到的教学效果。下面具体介绍如何借助叙事结构，优化传统的叙事文教学策略，以期改进上述叙事文教学中普遍存在的问题。

四、教学策略

（一）教学目的

为什么让学生学习大量的叙事性作品？对这一问题的回答可能会有不同的答案。"考试要考""获得叙事文读写能力""发展叙事思维""丰富情感、获得正确的态度与价值观""认识自我与世界"……成熟的语文教师可能给出不止一个答案，而且希望通过教学，使学生获得上述综合目标，尤其最终要落实到学生的能力与精神发展层面，落实到学生语文素养的综合提升方面。那么，如何通过有效的教学策略，实现叙事文立德树人的教育任务呢？下面结合叙事结构理论从叙事文教学基本教学策略及策略优化两个维度来谈一谈。

（二）教学策略

探索期教师对叙事文单篇教学采用的基本教学策略是比较熟悉的，这些基本的教学策略包括梳理事件策略、品读关键语句策略、把握主题策略、领悟表达方法策略及连接生命意义策略等。探索期教师在叙事文单篇教学策略方面，需要提升的是如何从叙事文体角度优化上述基本教学策略，建立各种策略之间的联系，搭建系统策略支架，帮助学生建构叙事文理解能力及写作能力，以提升语文素养。下面分别从基本策略及策略优化两个方面来介绍。

1. 基本策略。

（1）梳理事件策略。

阅读叙事性作品，要把握事件梗概，因此，把握叙事文事件是叙事文教学最基本的教学策略。其中最常用的方法是"六要素"法。但"六要素"中的"经过",学生往往难以把握。因此,需要进一步拓展把握事件的相关知识,如从叙事结构的角度优化梳理事件策略等,具体方法在下文介绍。

(2)品读语句策略。

品读语句策略用于精读文本,分析品味语言,感悟内涵。最常用的落实方法是抓重点句段、关键语句及细节描写进行深入品读。这一策略的运用是阅读策略中的精华部分,是最值得借鉴之处,也是需要保留和发扬的地方。

(3)把握主题策略。

重点通过对文章的关键语句、人物形象、细节描写品析等手段来理解叙事文主题。教学实践中,教师所运用的教学方法常常是按教参或者现成的教案的结论确定主题,从结果倒推主题,设置多个与主题相关的问题,诱导学生得出教师想要的答案;或者让学生各自发表见解,用解读的多元化来解释主题的不确定性,学生得出的主题往往模糊、不通透。这两种方式,导致学生对主题把握缺少逻辑的、理性的路径,将主题理解神秘化或随意化。这就需要教师引导学生增强文体意识,加强从叙事文结构及表意机制角度把握叙事文的思维方法,提升学生对主题理解的逻辑性及规律性的意识,让感性阅读与理性思维并重。

(4)领悟表达方法策略。

领悟表达方法策略中,以词句用法、修辞手法、细节描写及倒叙、插叙方法的学习居多,从叙事结构角度对事件组织安排方面的学习则比较少。

(5)连接生命意义策略,即让读者世界与文本世界产生关联,叙事作品对读者精神生命产生影响。

关于这一策略在认识及做法上莫衷一是,有的策略强调用文章意义指导学生的生活实践,以情境创设法落实;有的强调言意合一,但实施策略方法比较简单。常用的落实方法以读写结合为主,这方面的策略需要提出更丰富的思路。

2. 基于叙事结构的教学策略优化。①

（1）基于叙事结构优化梳理事件策略及把握主题策略。

在梳理事件策略中，"六要素"作为常识性知识，贯穿学生从小学、初中甚至高中的语文学习。但"六要素"中的"经过"是学生最难把握的。为什么"经过"难以把握？因为"经过"无法明示事件的本质，因此，把握事件的本质，需要把握叙事结构。以《散步》一文为例，在从"一家人散步发生分歧"到最后"一家人走了小路"这个过程中，按照先后顺序，可以排列出：①"我"感到责任重大；②"我"想找一个两全的办法，找不出；③想拆散一家人，也不愿意；④"我"决定委屈儿子，选择走大路；⑤母亲改变主意说还是走小路。那么，在诸多信息中到底选择哪一个作为"经过"？"经过"就是"事物时间排列的先后"，也就是教师通常所说的"先干什么，后干什么"，但无论是"经过"，还是"先干什么，后干什么"，都无法明示筛选信息的内在规定性，这正是"经过"成为学习难点的深层原因。

运用叙事结构理论，可以解决上述难点。叙事性作品（不是纯粹报告事件发生的经过）中的故事大多是讲述人物面临的问题及解决问题的过程，故事主题就是读者对人物解决问题所用的方法及方法中蕴含的对世界的看法。这样，故事的主题就在事件的结构中呈现出来，这就是叙事性作品事件结构与主题的内在联系，也是阅读叙事性作品一定要把握事件的内在原因。故事人物在解决问题时所用的方法及方法背后的世界观是事件通往主题的秘密通道。仍以《散步》为例，当散步中出现了分歧，"我"的解决方法是委屈儿子，顺从母亲。"我"之所以用这样的方法解决这个问题，是因为"我"认为伴同儿子的时日还长，这里隐含的意思是"我伴同母亲的时日不多了"，这可以从上文中推断出。文章开头点明散步的原因：母亲老了，身体不好，好不容易熬过这个严冬，"熬"字隐含了母亲的生命在这个严冬里经受了极严重的威胁。因此，当发生"走大路还是走小路"的分歧时，"我"选

---

① 卢杨:《叙事中不能承受"经过"之虚》,《语文学习》,2018年第6期。

择顺从母亲走大路，背后的思考是作者深切地感受到母亲来日无多，十分珍视母亲日渐衰老的生命。这里，对老去生命的尊重就可以从"我"选择走大路背后的想法中推断得出。这就是事件通往主题理解的路径。后来，因母亲改变了主意又提出另一个解决问题的方法，即母亲决定走小路，并且建议在走不过去的地方让"我"背着她过去。一家人最后走了小路，在不好走的地方，"我"背起母亲，"我"的妻子背起了儿子。在新的解决问题的方法中，作者领悟到"我背上的同她背上的加起来，就是整个世界"，作者感悟到作为成熟生命的中年人在传承生命、珍视老去的生命、保护幼小生命中所拥有的力量感和责任感。作者的写作意图就在解决问题所用的方法及方法背后的想法中呈现出来。读者要想理解作者所表达的写作意图，也需要透过事件中"问题—问题解决的方法"这条路径接近作者想要表达的写作意图，进而理解作品的主题。这就是叙事性作品通过"问题—问题解决—解决方法"的逻辑链条建立起事件与主题之间联系的清晰路径。在叙事性作品阅读教学中，我们常看到这种现象：在整体感知完事件后，事件就被搁置在那儿，教师则引领学生转向别处，通过"我最喜欢哪些人物"或"品味文章中的关键语句"等活动来完成主题理解的任务，这就是没有意识到事件与主题之间的内在关系。

（2）基于叙事结构优化连接生命意义策略。

学习一篇（部）叙事性作品，我们希望学生获得有益于人生的启示、汲取有益于精神生命成长的营养，这也是叙事性作品教学中教师煞费苦心设计的一个重要教学环节。但实践中，教师常常面临的困惑是，找不准文本表现的情感、态度、价值观与学生精神生命成长的链接点。比如《散步》一文，有的教师将这个环节设计为请学生谈一谈自己的感悟，想一想年幼的我能做什么。有学生回答：我爸爸妈妈说了，读书就是为了赚钱，我要好好读书，考最好的高中、大学，考硕士、博士。面对学生这样的回答，授课教师反馈说当时不知如何处理。结合学生的回答，我们看到，教师设计的"年幼的我能做什么"这个问题实际上是让学生抛开文本来谈自己。教师没有找到《散步》这篇文本所表现的情感、态度、价值观与学生精神生命成长过程中恰当的链接点。

对叙事性作品，怎样才能让文本中的故事不仅是别人的故事，也是和我（读者）的生命有关的故事呢？也就是说，文本表现的情感、态度、价值观与学生精神生命成长的链接点在哪里呢？找到恰当的链接点离不开叙事结构，即要抓住事件的本质是主人公的目的/面临的问题—实现目的/解决问题的过程。故事为读者展示了主人公的目的/面临的问题及实现目的/解决问题的方法及过程，读者根据自己的生活经验，在面临类似的矛盾或问题的情况下，设计可能存在的其他行为模式，进而判断其行为背后所体现的情感、态度和价值观，然后与文本中人物解决问题中呈现出的价值观进行比较，从而进一步理解文本与现实。经过这样的构造、比较与判断，读者才能更深入地理解文本，同时也实现了文本世界与现实世界的连接。在《散步》一文教学中，如果教师将"年幼的我能做什么"这个问题改进为：在你的生活中，有没有经历过或看到过类似的小分歧、小矛盾？矛盾是怎样解决的？解决的结果怎么样？进而与《散步》形成对照，启发学生在比较中进行辨别，形成自我判断的价值观念。这就找到了文本所表现的情感、态度、价值观与学生精神生命成长的共生点。

具体操作可见本章第二节《散步》教学案例的做法。

（3）基于叙事结构优化领悟表达方法的策略。

在叙事文领悟表达方法策略方面，探索期教师需要提升的策略是如何使叙事文读写高度聚焦，避免随机性。

依据叙事结构理论，阅读中分析故事结构与写作中构思故事提纲是一回事，不论是阅读，还是写作，都是聚焦在叙事文结构构思的方式上面。阅读教学实际上要教的是作者如何用材料表现主题，材料之间的关系就是文章的结构，与学生写作是一致的。在以往的读写结合课型中，教师在写的环节设计上并不清晰，没有什么规律，有些盲目性，不知道写什么，与文章阅读解决的重点往往结合不到一个点上，有的变成了写收获、感悟、读后感之类。在叙事结构统领下的读写结合的聚焦是一致的，作文的指导也发生了变化，有了知识的支撑。知道学生的问题是在知识结构上的哪个部分，指导的方向在哪里。通过对文篇的结构和主题进行分析，获得叙事文是如何通过事件表达主题的经验，并指导学生将这些迁移到写作当中，才是有效的读写结合方法。

下面通过具体课例呈现如何依据叙事结构理论优化读写结合策略。①

讲授完义务教育课程标准实验教科书语文八年级下册第一单元胡适的《我的母亲》之后，教师要求学生完成一篇多件事写人作文《对我影响最大的一个人》。

> 我的母亲，在我看来，是很可亲的，当然她也有生活、学习或社会工作的智慧。记得我还在小学四五年级时，总是搞不懂一类把所求不规则图形化为规则图形的数学题，是我的母亲，从切入点入手，到怎样确定辅助线，用什么思路解题，让我体会到解出题的快乐。虽然时至今日，我早已不用母亲的耐心讲解，但我一直记得这件事，不能忘怀。

不难看出，事件中包含"困境—困境解决—结局"的基本结构，即"我"解数学题遇到困难（困境），母亲帮"我"解决（困境解决），"我"体会到解出题的快乐（结局）。存在的问题有：一是"困境解决"的过程太过简略。仅用"从切入点入手，到怎样确定辅助线，用什么思路解题"三句话带过。二是事件与意义脱节。作者用"我的母亲，在我看来，是很可亲的，当然她也有生活、学习或社会工作的智慧"来表述母亲帮"我"解数学难题这件事的意义，显然是将所述事件的意义拔高了，属于"加帽子""贴标签"。

教师首先要求学生绘制出第一件事的"叙事弧线"。指导学生扩展"困境解决"的过程，详写母亲是如何帮助"我"解决难题的，事件的

---

① 卢杨：《借助"叙事弧线"提升记叙文结构能力》，《中学语文教学》，2019年第5期。

意义要紧贴母亲帮"我"解决难题所持的态度、所用的方法进行提炼。由于事件来自学生的真实生活，教师启发学生回忆母亲帮助其解题时的画面，抓住一些关键词，并标注在弧线上，最后绘制出具有完整结构的"叙事弧线"。值得注意的是，教师的指导并没有强调从人物的语言、动作、心理、神态等方面进行描写，而是提醒学生在头脑中复现当时的具体情景："我"遇到难题—母亲耐心帮助"我"。没有直接告诉答案而是让"我"自己思考—"我"不理解母亲的做法，对她发脾气—母亲耐心地给"我"讲道理，继续帮助"我"—"我"终于自己解决了难题，体会到解出难题的快乐。并进一步引导学生思考：母亲解决问题的方式，对"我"产生了怎样的影响？"我"从中获得了哪些领悟？在学生头脑中有了清晰的结构后，接下来，笔者要求学生借助"叙事弧线"，完成第一件事的修改。学生修改稿：

> 在我上五年级的时候，我对数学的逻辑思维有些懵懂，总是不明白一类把不规则图形转化为规则图形的题目。每次求教于母亲，她总是温和而耐心地讲解。但在那时的我看来，却是费时费力：要准备描画工具，一起描画；又告诉我大致方向，要求我自己计算思索结果，这比我看参考书、网上查询不知多费多少时间。我几次沮丧地耍脾气想要放弃，母亲却温和地启发我，并抓着我的小手，和我一起添加至关重要的辅助线。母亲说："数学领域，浩瀚神秘，题目无穷无尽，是不可能全练完的，只有熟知原理，理清思路，才能以一当十，以不变应万变。"我安静下来，理清思路，竟自己解出了这道困扰我已久的题目。后来，我慢慢长大，题目越来越多，越来越难，但每每想起母亲的教导，便尽力一试，总能有所收获。我逐渐悟出母亲常说的"授人以鱼不如授人以渔"的道理，写到这里，我眼前又浮现出母亲那欣慰的笑容。我的母亲传授我好的学习方法与治学精神，她是对我影响最大的一个人。

与初稿相比，修改稿在结构上有三点显著进步。一是详略安排得当。"困境解决"部分增加了内容，突出了母亲帮助"我"解决难题的独特方式。二是修改稿增加了波折，使得事件有波澜、有起伏。首先，"我"认为母亲的解题方法费时费力，因而跟母亲耍脾气，想放弃，问题解决的难度增加了，这是"叙事弧线"中"困境"上升的部分；其次，面对"我"的知难想退，母亲耐心地帮"我"转变态度，这是"叙事弧线"中的"危机"部分；再次，在母亲的帮助下，"我"安静下来，理清思路，自己解出让"我"困扰已久的题目，这是"叙事弧线"中的"高潮"部分；结局是后来每当"我"遇到难题时，都会尽力一试，并有所收获。三是叙议贴合。悟出母亲说的"授人以鱼不如授人以渔"的道理，以及全文结尾写道："我的母亲传授我好的学习方法与治学精神。她是对我影响最大的一个人。"这两处的议论都紧贴事件，意义升华水到渠成。

随着语文教学改革的深入，语文教学出现"专题教学""整本书阅读教学"等多种教学形态，但是无论如何变化，单篇教学始终是语文教学的基础，单篇的教学策略始终是语文教师的基本功。而语文教学基本功并不是一成不变的，需要教师不断拓宽视野、更新知识。将叙事文置于"叙事性作品"文体之下，意味着将叙事文从传统的记叙文中独立出来，从而获得更加清晰与明确的文体特点。本节内容仅从叙事结构中叙事内容组织层面这一维度，给探索期教师提供相关的理论拓展。关于叙事结构中叙事形式层面的讨论，如叙事视角、叙事声音等，由于篇幅所限，暂付阙如，期待以后有机会为教师们介绍。

（北京教育学院　卢杨）

第二节　教学案例:《散步》

《散步》是统编版语文教材七年级上册"亲情"单元(第二单元)中的一篇课文,记叙了一家四口在田野上散步一事,抒写了亲人之间真挚动人的感情。

七年级的学生已具有一定的分析、理解、提取信息的能力,能够初步感知文章的内容和情感。不过,本班学生对待阅读普遍存在倦怠情绪,不喜欢读、不愿意读,对传统的阅读分析课感到厌倦,喜欢多样化的教学手段。还有不少学生缺少生活体验,对情感的感受不深,再加上目前的家庭模式多是以孩子为中心,学生对自己在家庭中的地位比较在意,伦理道德观念不强。根据课前学案中的调查,初读课文时,对主旨的理解基本停留在尊老爱幼及家庭氛围和谐融洽上。基于教材与学情分析,本文确定如下教学目标及教学重点与难点。

一、教学目标

(一)教学目标
1. 梳理故事情节,培养学生依据叙事结构分析文章主旨的能力。
2. 品读细节描写,帮助学生依据叙事结构把握人物形象。
3. 启发学生感悟一家人和睦融洽的关系,体会中年人在家庭、社会中的重要作用,感受对生命的珍惜与敬畏。

(二)教学重点

借助叙事弧线分析人物形象和文章主旨。

(三)教学难点

明确"背"是最终解决问题的关键;理解"整个世界"的意义。

二、教学资源

(一)活动准备

课前教师给学生布置以下任务。

1. 故事表演。

以小组为单位,分角色表演文中的事件。

2. 绘画活动。

根据课文的景物描写绘制两幅景物图画。

(二)实物准备

教师在备课过程中准备如下教具。

1. 磁贴卡片。

准备标有"人物""事件""景物""主旨"的磁贴卡片。

准备标有"我""母亲""妻子""儿子"的磁贴卡片。

准备标有"事件:不愿出门;劝说;信服;走大路? 走小路? 走大路;走小路;背母亲;背儿子"的磁贴卡片。

准备标有"主旨""充满亲情""传承伦理""敬畏生命"的磁贴卡片。

2. 两幅图画。

根据学生提交的绘画作品,选出与课文景物描写相匹配的景物图画。

三、教学过程

（一）导入

问题设置：

1. 在你的家庭中，有没有什么分歧？
2. 你们是怎么解决这些分歧的？

这一设计有两个作用：一是通过情境，导入下面要讲的新课；二是能够在学生学习完这篇课文后，启发学生对解决家庭分歧的方式进行思考。课上有两位同学和大家分享了自己家里通过欺骗或暴力的方式解决分歧的经历。

（二）借助叙事弧线梳理事件

1. 这篇文章中有几个人物？

我、我的母亲、我的妻子、我的儿子。

【贴卡片：我、母亲、妻子、儿子】

2. 这篇文章中发生了哪些事情？

我们要去田野上散步，一开始母亲不愿出门。我劝说母亲，母亲信服。后来发生了分歧，母亲说走大路，儿子说走小路。一开始我说走大路，后来母亲改变了主意说走小路。到了一处，我和妻子背起了母亲和儿子。

【贴卡片：不愿出门；劝说；信服；走大路？走小路？走大路；走小路；背母亲；背儿子】

设置这两个问题，能够让学生熟悉文章内容，初步感知文章主旨。在这个环节中，没有采用传统的板书书写，而是选用磁贴的形式，为后面的环节做准备。

3. 将事件放入叙事弧线中。

这一环节使用了"叙事弧线"的理论。学生可以从叙事弧线中找到矛盾的起因、出现、解决过程和最终得到解决的结局，判断文章的写作重点，并根据人物解决重点矛盾的行为和心理分析人物形象，从而把握

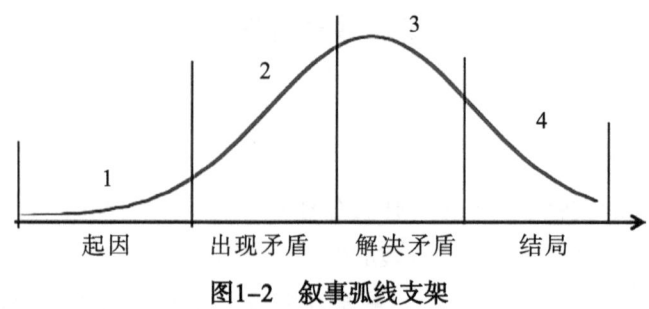

图1-2 叙事弧线支架

文章的中心,解决阅读中主题不突出的问题。

教师提前在右侧黑板画了一条叙事弧线(如图1-2),请两位同学把事件摆放到相应位置,其他同学在笔记本上完成这个任务。这时,磁贴卡片就发挥了作用,一来不用学生重新书写,节省了时间;二来可以随意移动,学生更改位置会很方便。最后,呈现出的《散步》叙事弧线如图1-3所示。

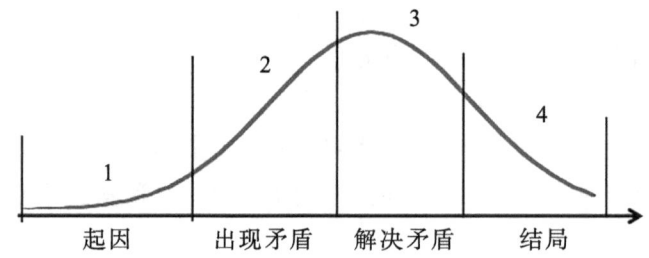

1. 起因	"我"劝母亲出去散步
2. 出现矛盾	母亲要走大路,儿子要走小路
3. 解决矛盾	"我"决定走大路,母亲改变主意走小路
4. 结局	"我"背起母亲,妻子背起儿子

图1-3 《散步》叙事弧线

(三)表演与角色追问

1. 学生表演"走大路?走小路?"的分歧。

2. 学生提问，演员发言。

3. 通过表演和问答分析家庭特点：彼此信任；每个人都先考虑别人；尊老爱幼；幸福。

这一环节的设计目的是让学生能够以不同的方式感知课文内容，并且在表演后进行学生和"演员"之间的问答，了解人物做出决定时的心理活动，从中理解人物形象和这个家庭的氛围。尤其是一直没有发表意见的妻子，她其实也是疼爱儿子的，希望走小路，以让儿子开心，但她更体贴老人，信任自己的丈夫。

通过这个活动，学生除了可以分析单独的人物形象特点，还能够感受到这个家庭彼此信任、为他人着想、尊老爱幼、幸福的氛围。这也是接下来要介绍的主旨的一部分。

（四）人物关系排序

1. 对文中的家庭成员进行排序。
2. 是否还有其他排序方式。
3. 通过人物排序感受伦理传承，中年人在家庭和社会中的责任、使命与担当。

在这个环节中，教师设置了一个小游戏：让学生通过摆放家庭成员的位置，说一说他们之间的关系。首先，列举文中的顺序：我、母亲、妻子、儿子。之后，告诉学生，这是因为"我"在家里是一家之主，母亲年纪最大，儿子最小，同时大家都信任"我"。之后，教师让学生按照自己的理解来摆放顺序，结果呈现出了多种方法和解释。

按年龄/辈分：

```
母亲
我
妻子
儿子
```

按重要程度：

```
母亲
儿子
我    妻子
```

教师做了一个小的调整，变成了这样：

```
母亲    儿子
我      妻子
```

以引导学生理解"我"和妻子在家庭中对母亲和儿子的照顾。同时，学生也能够联系到儿子说的那句话"前面也是妈妈和儿子，后面也是妈妈和儿子"，明白这是一种生命的传承。

```
母亲
我    妻子
      儿子
```

再调整一下，变成上图这样，它能够更直观地表现出中年人在家庭中的顶梁柱地位，赡养老人、抚养孩子的使命与责任，以及家庭中代代相传的亲情。

接下来，和学生一起分析"整个世界"的问题。在表演环节，教师让全班同学一起朗读一段话，"我的母亲虽然高大，然而很瘦，自然不算重；儿子虽然很胖，毕竟幼小，自然也很轻。但我和妻子都是慢慢地，稳稳地，走得很仔细，好像我背上的同她背上的加起来，就是整个世界"。在这里，教师提问"整个世界"的含义，由此将主旨由一个家庭延伸到整个社会。

（五）读画结合，体会景物描写的作用

1. 朗读文中的景物描写。
2. 出示图片并将其放入叙事弧线的相应位置。

3. 分析景物描写的特点。

4. 从景物描写中感受文章的生命主题。

在传统的授课中，景物描写/环境描写往往是与事件分开讲解的，但是环境描写对事件发展是有很大推动作用的。因此，本次教学将景物描写放入了叙事弧线中。

教师事先找了两名同学按课文中的描写绘制了两幅画，贴在相应的位置上，然后提问学生景物的特点和自己的感受。学生们通过文字描写和图片，得出"景物很美，生机勃勃，体现着生命力"的感受。这就与文章的另一主旨"生命"联系起来了。同时，也是因为有这么美的景色，一家人才愿意出去散步，感受春天的美好。也正是因为"那里有金色的菜花，两行整齐的桑树，尽头一口水波粼粼的鱼塘"，我们才会理解母亲对美景的向往，对旺盛生命力的向往，选择走小路也就不是单纯地只为疼爱孙子了。

（六）把握主旨

从家庭关系、景物描写中分析文章的主旨。

引导学生梳理人物与事件、分析人物形象、理解家庭关系和感知景物描写后，让学生概括主旨就容易多了。从家庭的关系中可以得出"充满亲情""传承伦理"的主旨，从景物描写中可以得出"敬畏生命"的主旨。这样一来，学生对主旨的把握不再停留在尊老爱幼及家庭氛围和谐融洽上，而是有了更深层次的理解。

在这个环节中，教师采用了贴磁贴卡片的方式，用红色代表亲情，用蓝色代表伦理，用绿色代表生命。

（七）小结与作业

1. 从叙事弧线中分析最能体现人物形象的部分。

2. 叙事弧线对阅读和写作的指导作用。

3. 作业：借助叙事弧线描写自己家里的一个分歧。

（八）板书

图1-4　课堂板书

四、教学成果

本次课结束后，给学生留的家庭作业是：借助叙事弧线叙述自己家里的一个分歧。下面展示的是其中一名学生的成果及成果说明。

（一）学生成果展示

分歧的解决

有一次，我、爸爸、妈妈、姥爷去一个中西餐结合的饭店吃饭。

那里有西式红菜汤，一点就是四份，不能单点；还有中式八宝粥，一点也是四份。

我喜欢喝汤，但姥爷牙口不好，带酸的不能吃，也不习惯喝西式汤，于是说要喝八宝粥。爸爸妈妈听后对我说："儿子，我们喝八宝粥吧。"

我心里一开始有些不开心，因为我们很少来这家店吃饭，上次喝的就是八宝粥，我已经期盼很久喝这里的红菜汤了。我低头小声嘀咕着："就不能喝一次汤吗……"爸爸妈妈还没说话，姥爷就说："喝汤也没关系，我倒一点热水，就没那么酸了。"我抬头看看姥爷，他张着嘴，里面的牙缺了几颗，想起了小时候姥爷带着我去逛庙会，给我买糖葫芦、兔儿爷，他宁愿自己累也要让我坐在他的肩膀上看表演。我觉得自己刚才的想法很自私，于是大声地说："我们就喝八宝粥吧，甜甜的，我也喜欢。"

姥爷笑了，爸爸妈妈笑了，我也笑了。

[北京市第十三中学分校2018级初一（4）班　白弩]

（二）成果说明

布置这一作业有两个目的，一是促进本课思想情感及价值观的落实。通过让学生反思自己家里解决分歧的方式，比较课文中用沟通、理解的方式来解决问题的好处。从作业中可以看出，学生将叙事重点放在了解决问题的过程上，并且能够有意识地利用家庭成员之间注重沟通与理解的方式处理分歧，做到了学以致用，将价值观的理解与传承落到实处。作业的另一个目的是通过读写结合，体会如何处理和安排叙事文的详略。引导学生在阅读叙事文时关注事件结构，并理解作者为何用大量笔墨描写人物解决矛盾的部分。本次作业引导学生在阅读文章时应多关注这部分的描写，在写作时也应注意详写这部分内容。

（北京市第十三中学分校中教二级　焦悦）

第三节　专家点评：以叙事结构外显学生思维

焦悦老师《散步》一课的教学案例，带给我们很多有益的启发。让我们看到了课改深入推进之后课堂教学出现的可喜变化，充分感受到语文课堂的魅力。

长久以来，在语文课堂教学中，尽管也有学生之间的研讨，但大多以教师讲授为主要的教学方式。在过去信息闭塞的社会环境下，语文学习以获取知识信息为目的，"上知天文下知地理"被视为有知识、有学问的代名词；而信息获取渠道的单一（教材、教师），要求教师只能讲也必须讲——知识是可以经由"讲"来传授的。这是过去教学中讲授法大行其道的根源所在。

但是，当今社会对人才的要求早已超越了"多知"的阶段，不仅要有知识，还要有能力，要具备高层次的综合的语文素养。《义务教育语文课程标准》（2022年版）将其概括为文化自信、语言运用、思维能力、审美创造四个方面。此外，心理学的研究也向我们明确指出：知识可以传授，能力的提升只能依靠自身的实践。

社会对人才需求的变化，学习理论的明示，对语文教学提出了新的要求：必须摒弃过去单一的以讲授为主的教学方式，而应代之以综合的、适合并促进学生语文学习的方式，引导学生积极开展语文实践活动。新课标提出的"自主·合作·探究"学习方式，就是对这一新要求的呼应。

从以上认识出发来考察这篇教学设计，可以看出，焦老师对新课标的理解是深刻的，课堂教学各个环节的设计紧紧围绕学生的语文学习这个核心。学生的语文实践活动成为教学活动的主体，教师的作用始终是新课标中所说的"学生语文学习的组织者、帮助者、促进者"。在这样的指导思想引领下，这篇案例设计得环环相扣、井井有条，而且收到了较好的效果。

《散步》这篇课文，篇幅短小，主题鲜明，文章的技巧也很突出，对七年级的学生来说，理解起来比较容易。如果采用过去以教师讲授为主的教学方式，这节课上起来很容易，没什么难度。但是，在新的教学理念下，不仅要领会课文的主题及写作技巧，更要把"课文当成一个例子"（叶圣陶先生语），在理解课文的同时，还要把课文的学习作为一个载体，组织、开展有关的读写实践活动。在读写实践活动中，不仅要学习语言，还要发展学生的思维，提高审美能力，感受并继承其中蕴含的优秀传统文化。这样，就这篇课文的教学来说，可做的事就极为丰富了。如果再考虑到学生的具体情况（焦老师在"教学目标"中已做出具体分析），联系他们的年龄、心理特征、喜好，还会有许多不同的教学方式可以选择。内容的丰富，教学方式的多样，这样一篇简短的叙事抒情散文便可以有丰富多彩的课堂表现形式，语文课堂的魅力就可以充分显现出来了。

焦老师的这节课，就向我们显示了这种魅力。我们可以结合课例，做简单的说明。其一，概括文中人物及故事情节，做成"贴片"，这个过程中就体现着语言信息的提取、概括，这是阅读过程中最重要的语言能力。这个独特的设计，也为后面梳理文章的叙事思路确立了极为便捷（一来不用学生重新书写，节省了时间；二来可以随意移动，学生更改位置会很方便）的方式，为下一步教学的顺利进行打下基础。其二，按照叙事弧线来摆放贴片（符合事件的发展），依照自己对课文的理解摆放家庭成员的位置，这个设计充分照顾到七年级学生形象性思维发达的特点；说出成员之间的关系，学生必须充分调动内在的思维能力和外在的表达能力，思维支配语言表达，语言表达带动思维，两项核心素养就在这样的实践活动中获得了提升。其三，为领会这篇散文精彩的景物描写，体会景物描写在文中的作用，焦老师"事先找了两名同学按课文中的描写绘制了两幅画，贴在相应的位置上"，让学生把文字描写与图片观察结合起来，以图片形象与文字形象相互转换的方式，突破了七年级学生难以领会抽象的文字表现力这一难点。同时，把图片放到叙事弧线中，把景物描写与事件的发展结合起来，学生自然地就把景物描写与文章的主题结合到一起考虑，从而领会作者对"生命"的感悟。在这里，学生的语言运用、思维、审美都统一了起来，达到了水乳交融的效果，分不清彼此，这是语文教学的至高境界。

最后，教师还布置了作业：借助叙事弧线描写自己家里的一个分歧。一方面可以看到教师对"读写结合"这一传统教学思路的运用：以读带写——在阅读中学习了一种方法，接着就在写作实践中加以运用；以写促读——在写作中进一步领会作品，巩固阅读中的收获，加深对作品的理解。另一方面，这其中还蕴含着文化的传承（其实前面所说的写作学习也未必不是一种文化传承）。作品中人物尊老爱幼的优秀思想品德，在写作实践中自然地发挥着作用，促发学生对自己生活的思考，影响并提升着学生的道德情操。

最后这一点对语文教学来说极为重要。长期以来，我们的语文教学受应试的影响，外在功利性很强，导致出现学习不是"为己"，而是为考试这样的外在目标。因此，语文学习常常与学生自身的生活脱节，语文学习只在课堂上发生，在试卷答题时发生。如背诵是为回答试卷上的默写题目，观察思考生活、积累素材是为作文有内容可写，而一旦回到生活，这些丰富的内容就都烟消云散、化为乌有了。问起背诵的课文都能对答如流，说起勤奋、惜时的故事滔滔不绝，而在生活的具体情境中讲话、下笔则一无所有；学了很多，所知不少，但都没能转化为自己的，成为自身的素养。这是语文教学、语文教育的最大误区。焦老师的这篇教学设计，从一开始就让学生联系自身生活，导入文本的阅读，不仅着眼于语文技术层面，更着眼于"立德树人"的"育人"层面，实在是难能可贵的。从后面的教学成果中，我们可以充分感受到学生心灵深处悄然发生的变化。这种心灵的触动和变化，才是语文教学乃至语文教育要达到的根本目标。

此外，焦老师还关注到全体学生，这也是可圈可点的。目前条件下的班级制课堂教学，一个大的弊端是学生的全员参与受到限制。在课堂上参与研讨的常常是个别学生，其他学生很容易被忽视。尤其在教师只以完成自己教学任务为目标的教学理念支配下，教室里极易出现大量的"看客"。这些"看客"的语文实践受限，历时既久，水平就会出现差异——这是学生学习成绩分化的一个重要原因。焦老师这节课，有一个颇为引人关注的细节：在找个别学生到黑板前演示叙事弧线时，"其他同学在笔记本上完成这个任务"。这表明焦老师心里不仅有自己的教学任务、有参与演示的学生，她的心里还装着其他学生。我们平时总说"面向全体学生"，可是真到课堂上，这样的实际行动还是很少见的。在这一点上，我们真该为焦老师点赞！

从教学设计中，可以看出教师的素养。一是如上所述的先进的教学理念；二是扎实的教学基本功，包括对课文的深入解读、教学方式的恰当选用，甚至教师的语言、教态等。焦老师在这些方面，都称得上是佼佼者。

有一点思考，提出来与焦老师及同行商榷，就是"表演"这种方式的运用。把课本改写成剧本，让学生在课堂上表演，是现在语文课上常用的一种教学方式。此外还有放录像、看演出等（有人把这些命名为"教育戏剧"），其目的是加深对课文的理解。应该说，采用这种方式的初衷自然是好的。但是，表演（包括朗诵）是一项需要特殊训练才能具有的技能，我们的学生大多没有经过这样的训练，因而在把自己对语言文字的理解转化为表情、动作语言时，常常出现不能"达意"的情况。读的时候很感动，演的时候表现不出来。因此，我们在采用这种形式开展教学的时候，一定要特别慎重，以免出现"笑场"的情况。再说看录像、看演出这样的方式，自然可以加深对作品的理解。但是，要知道，语文教学的根本任务是从语言文字来感知作品的魅力，能够感知语言文字的魅力，再通过观看表演来加深是可以的。但如果一定要借助录像、演出或真实的表演才能理解作品，实际上是语文教学失败的表征。这是我们在运用戏剧表演（包括观看表演）形式辅助教学时应特别加以注意的。

（北京市顺义区教育研究和教师研修中心正高级教师　刘德水）

▷ 第二章 ◁

单篇教学二：古诗文教学

教育部编义务教育语文教科书，即统编语文教材，变化较大的就是古诗文篇目大幅增加。统编版初中语文教材的古诗词作品加上课外诵读作品大约有70篇，古文有30多篇，另有节选古典长篇小说4部。统编版高中语文新教材在古诗文的比重上也有变化，精选了反映中华优秀传统文化的经典名篇，从古风、民歌、绝句、律诗到词曲，从诸子散文到历史散文，从两汉论文、魏晋辞赋到唐宋明清古文，从文言小说到白话小说，均有呈现。其中古诗词30多首，古文30多篇，几乎占全部选文的一半。新教材中古诗文选文比重的增加，表明了国家对古诗文学习的强调和重视。而古诗文阅读教学的价值在于通过帮助中学生对文本所承载的历史与优秀文化传统的理解和认知，引导他们认识古人的价值观和人生观，从而达到品格的养成。

多年来，古诗文阅读教学一直是中学语文教学的一个难点。究其原因，从学生角度来说，古诗文，尤其是古文，文字本身晦涩难懂，中学生并没有较强的解读词句的能力，文言文阅读与学习的基础相对薄弱，对一些常用字词积累不够，学起古诗文自然觉得枯燥无味，缺乏学习热情。同时，学生的古诗文课外阅读量也大多偏低，对古诗文阅读方法掌握得不好。从教师角度而言，在古诗文的教学中，大多采用程式化教学方法，套路往往大同小异：介绍作者，介绍背景，放录音或教师范读，学生自读，一问一答串讲，总结主旨，再背诵等。这也是学生对古诗文不感兴趣的一个原因。另外，古诗文内涵丰富，涉及的知识包罗万象，因此教师要解读古诗文文本，自身的知识面就要宽广丰厚，而有的教师自身的古诗文文化知识基础就相对薄弱，更遑论在古诗文教学中运用古代文论传授知识了。

第一节　理论指导：古代文论视域下的教学内容选择

一、课标对古诗文教学的要求

《义务教育语文课程标准》（2022年版）第四学段（7—9年级）在对古诗文阅读教学的要求中指出："诵读古代诗词，阅读浅易文言文，能借助注释和工具书理解基本内容。注重积累、感悟和运用，提高自己的欣赏品位。""随文学习基本的词汇、语法知识，用以帮助理解课文中的语言难点；了解常用的修辞方法，体会它们在课文中的表达效果。了解课文涉及的重要作家作品知识和文化常识。"①

《普通高中语文课程标准》（2017年版2020年修订）提出了学科核心素养，把"语言建构与运用"作为学科核心素养的基础，并有"语言积累、梳理与探究""中华传统文化经典研习""汉字汉语专题研讨"的专门学习任务群。"中华传统文化经典研习"任务群的"学习目标与内容"中提出："梳理所学作品中常见的文言实词、虚词、特殊句式和文化常识，注意古今语言的异同。""教学提示"中明确说明："引导学生借助注释、工具书独立研读文本，并联系学习过的古代作品，梳理常用文言实词、虚词和特殊句式，提高阅读古代作品的能力。"②

由此可见，阅读古诗文旨在引导学生通过学习传统文化经典作品，

---

① 中华人民共和国教育部：《义务教育语文课程标准》（2022年版），北京师范大学出版社，2022年版，第15页。
② 中华人民共和国教育部：《普通高中语文课程标准》（2017年版2020年修订），人民教育出版社，2020年版，第21页。

积累文言阅读经验，增进对优秀传统文化的理解，增强文化自信。

二、古诗文教学的一些基本理论

（一）文本解读

1. 古诗文的特点。

现代人阅读古诗文，存在一定的难度。近代著名学者王国维总结为以下三点：一是"讹缺"，二是"古语与今语不同"，三是"古人颇用成语，其成语之意义与其中单语分别之意义又不同"。[①]通俗来讲，古诗文的语言大都具有模糊性、多义性，在文言句式上、篇章结构上也有其特殊性，古诗文的语法灵活性也强。

古诗文中缺失成分、采用典故、频繁类比等手段，都增强了古诗文语句的模糊性和不确定性。有时候是句子中有难理解的字词；有时候是文言语法的表现，如不明语序、特殊修辞和表现手法等；还存在如介词结构后置、宾语前置、谓语前置、定语后置等形式，这些都增加了学生对文本的理解难度和学习难度。教师不讲解，则不利于学生对词义、句意和文意的把握。代表性例子如杜甫《秋兴八首（其一）》"丛菊两开他日泪，孤舟一系故园心"，以及《秋兴八首（其八）》"香稻啄余鹦鹉粒，碧梧栖老凤凰枝"等，因其特殊的语法结构和文化背景，给学生造成一定的理解难度。

语言具有时代性，随着社会的发展，语言在语音、词汇、文字等方面都会发生变化。在词汇上，古今差别尤其显著，古代的一个字在现代汉语里大多是双音词，而且在词义上也发生了巨大变化；随着时代发生变化，语言所反映的如风俗习惯、典章制度等的变化就更大了。这些都是阅读古诗文的障碍。

2. 文本解读读什么。

正因为以上因素，对文本进行深入解读分析是非常有必要的。此处

[①] 王国维著，彭林整理：《观堂集林》卷二《与友人论〈诗〉〈书〉中成语书》，河北教育出版社，2001年版，第94页。

文本解读主要包含三个方面的意思：一是重视对常用字词的学习；二是针对课文文本的分析；三是必要的知识补充。

首先，重视对常用字词的学习。对教材的注释，教师要在有意识地吸收学术界研究成果的基础上对课文字词注释做出自己的理解和判断，及时更正有疑问的注释。教师应引导学生弄清字词注释的理据，进而更好地积累文言词汇。在教材现有古诗文注释中，有些必要的常用字词反而没有注释。比如统编版语文教材八年级上册第六单元的《愚公移山》中有一句："邻人京城氏之孀妻有遗男，始龀，跳往助之。寒暑易节，始一反焉。"注释中有"龀"，但是对关键的"跳往助之"的"跳"没有注释。而"跳"字在教学中往往被误解。在《古汉语常用字字典》中"跳"的解释为"跳跃"。然而，此处的"跳"是"独出也"，意思是在别人都嘲笑不协助的情况下，唯有六七岁的孩子独自去帮忙。又如统编版语文教材七年级下册第五单元的《望岳》有"造化钟神秀"一句，课文对"钟"的注释为"聚集"，对"决眦入归鸟"的"决"字没有注释。在讲解这两句诗时，教师应该运用文字学的知识对"钟"和"决"做进一步的追根溯源，如此，学生对诗句及词汇的积累就会更深刻一些。再如统编版语文教材七年级上册第三单元《论语十二章》中：子曰："学而时习之，不亦说乎？"教材对"时习"的注释是按时温习，而实际上"习"是练习的意思。

有时候，教材的注释有需要商榷之处。比如《马说》中："鸣之而不能通其意。"教材对整句的注释为："它鸣叫，却不能通晓它的意思"，"鸣"即"鸣叫"。"策之不以其道，食之不能尽其材，鸣之而不能通其意"，教材注释：用马鞭赶它，却不按照正确的方法；喂它，却不能让它竭尽才能；它鸣叫，却不能通晓它的意思。整句应注释为："呼叫喊叫千里马，也不能使千里马通晓它的意思。"

又如《与朱元思书》中："夹岸高山，皆生寒树。""寒树"，教材注释为："这里形容树密而绿，让人心生寒意。"在实际的教学过程中，学生对"寒树"有颇多不同解释。有一种看法："能经受得住寒冷，且在冬天仍然密而绿，让人看了有寒意。"其实，如果教师把此句与白居易

《钱塘湖春行》中的诗句"几处早莺争暖树，谁家新燕啄春泥"的"暖树"做对比讲解的话，"寒树"可以理解为因为见不到太阳，感觉有寒意的树。

再如统编版语文教材九年级下册第六单元的《出师表》中有"未尝不痛恨于桓、灵也"。"痛恨"，教材中注释为："痛心，遗憾。"此处应注释为"深切地、十分地遗憾"。《辞海》："痛，彻底地。"可见，在古汉语里，"痛"可作程度副词，极言程度之深。"恨"译为"遗憾""痛恨"，即为"深切地、十分地遗憾"。

凡此种种，不一而足。教师在解释字词时，要有意识地运用文字学知识让学生注重分析字形的构造，因为字形是了解字义的重要依据。对有疑问的字词，要善于通过自己的考察求证去理解和学习。

本文从教材注释入手，目的在于强调重视文言字词的学习，从文言字词可看出作者在用字用词方面如何表达自己的情感特征。把握重点字词的意义是文本解读的关键所在，品析语言，能让学生感悟文言词语的微妙之处，知晓古人如何"炼字"，进而探究作者的真实意图。这也是为文本解读服务的。

其次，对文本的解读。为什么要对文本进行深入解读？因为文本有由浅到深、由表及里的多层次的审美结构。中国古代文论家曾把文本分为"言—象—意"三个层次，经学家王弼在《周易略例明象》中说："夫象者，出意者也。言者，明象者也。尽意莫若象，尽象莫若言。言生于象，故可寻言以观象；象生于意，故可寻象以观意。意以象尽，象以言著。"[1]因此，阅读文学作品的过程，其实就是阅读言语层面，进而感受文学文本语言蕴含的思想、文本寄托的情感或蕴含的哲理和审美内涵的过程。一言以蔽之，就是通过对文本的解读，透过文本显性的表层，深入发掘文本深层隐性的含义。作品的文学价值，是通过读者在阅读与鉴赏中得以实现的。在对文学作品内涵进行鉴赏时，要引导学生设身处地去感受体验，重视对作品中形象和情感进行整体感知和把握，注意作品

---

[1] 王弼撰，楼宇烈校释：《周易注校释》，中华书局，2012年版，第285页。

内涵的多义性和模糊性。

如何理解古诗文文本？第一，要尊重文本，反复阅读文本，教师要鼓励学生在古诗文阅读及鉴赏时的创新发现，但前提是学生的理解应基于对古诗文文本内涵的客观理解。教师既要尊重学生的创造性阅读，又要考虑古诗文作为客观存在的规定性和制约性。正如朱熹所言，欣赏古诗文就要做到就文本上理会意思。在教学过程中，教师应引导学生反复阅读文本，在阅读文本的基础上提出自己的疑问或见解，做进一步的探讨学习。在反复阅读文本方面，宋理学家朱熹提出了很好的方法。朱熹读《诗》，尤其注重涵泳、玩味熟读文本。《朱子语类》有云："问学者：'问学者诵《诗》，每篇诵得几遍？'曰：'也不曾记，只觉得熟便止。'曰：'便是不得。须是读熟了，文义都晓得了，涵泳读取百来遍，方见得那好处，那好处方出，方见得精怪。'""当时解《诗》时，且读本文四五十遍，已得六七分。却看诸人说与我意如何，大纲都得知。又读三四十遍，则道理流通自得矣。"①钱穆先生对此加以阐说："读《诗》与读《论》《孟》又不同，须读熟了再加以涵泳，读取百来遍，此乃读文学法也。"②其实，朱熹所提出的涵泳、玩味，其含义都是指对文本仔细研读，以求准确无误地理解文本，进而体会圣贤之意、万物之理。朱熹读《诗》重涵泳、玩味的观点，给中学古诗文文本解读的启示是，既然文本是通过语言文字媒介呈现给读者的，教师在阅读教学过程中，就要引导学生重视对文本有理有据有度地细读，并指导学生通过字词句修辞、言象意的层层递进等来深入理解文意。

第二，教师在解读文本时，要善于吸收学术界已取得的成果，吸收名家学者对文本解读的成果以充实自己的教学内容。教师在面对一个教学文本时，要对文本进行文学性解读，这时需要阅读一定量的学术论著或文章。在对文本有了深入的理解之后，教师还有一项最重要的工作，那就是根据学情及教学目标，对文本内容进行二次解读筛选，也即对

---

① 钱穆：《朱子新学案》第4册，九州出版社，2011年版，第61—62页。
② 同①，第62页。

文本的教学性解读。文本教学性解读的目的在于寻找文本的教学重点和难点。在这一过程中，教师需要参阅名家学者对教学经典篇目的解读分析。近年来，很多高校的大学教授投身于中学语文教育事业中，他们对文学经典作品的解读对中学教师具有重要的借鉴参考意义。比如在对古诗词解读方面，有孙绍振的《孙绍振如是解读作品》（福建教育出版社2015年版）等。

　　需要注意的是，在对文本进行解读时，尤其要注意节选文与全文的关系。教师要有全文整体意识和版本意识，也可以组织学生从文字的角度比较不同版本之间的差异，引导学生关注节选文及全文。教材中有属于长篇节选的，一般来说，节选部分与全文有密切关系，教师备课要通读全文；与教学文本相关的材料，教师在备课过程中也应有所参考。有一些节选文，没有选入的内容情节与课文是不可分割的，教师备课时要多加注意。如统编版语文教材高中必修上册第六单元《劝学》就是一篇节选文。教师在教学这篇课文时，首先要阅读全文，在充分理解全篇的基础上，再解读节选的《劝学》文本，就不会断章取义，出现误读或曲解文本的情况。再以统编版语文教材九年级上册第六单元《智取生辰纲》为例。很多教师在教学时，虽然可能会对整回及前后几回进行阅读，但在实际教学中往往忽略而过。查看有关本篇的教学论文会发现，很多都是从对比吴用和杨志的智的角度来设计教学。如果把整回及金圣叹的评语细细阅读的话，教师也许就会转变教学设计的思路，从而了解二人智慧的对比是没有意义的，因为杨志之智并不比吴用低，而吴用等人之所以能智取生辰纲，并不是因杨志之智不如吴用，而是因为杨志处处被牵制，才智不得施展，这才让吴用等人有了可乘之机。原著作者的目的在于讲述杨志被逼脱离官场投奔梁山的经过。

　　最后，教师要适时补充古诗文中的（修辞）知识。比如，互文这种辞格，是一种比较特殊而又常见的语言修辞现象。在翻译时遇到这一辞格普遍产生误译错译现象，教师在这方面应予以补充讲解。

　　古诗文中的互文，也叫互辞或互文见义，是古汉语中常见的一种修辞方法。古代作家出于字数的约束、格律的限制或表达艺术的需要，采用简洁的文字、含蓄而凝练的语句来表达丰富的内容，将本应在上下文中都出现的两个事物，在上下文中各出现一个而省略另一个。简而言之，互文见义指的是相邻两个句子或者同一个句子的上下两部分在意义上相互补充或相互说明，共同表达一个完整的意思。作为一种广泛使用在文言文中的修辞手法，"互文见义"可以分为两种形式：句内互文和对句互文。这两种形式都有使语言达到精练简洁、言简意赅、语言形式对称、句式优美的效果。句内互文最有名的例子就是《出塞》："秦时明月汉时关"，应该理解为"秦汉时的明月和秦汉时的关塞"；杜牧的《泊秦淮》："烟笼寒水月笼沙"，应该解为"雾气和月色笼着寒水和白沙"等。对句互文的例子如范仲淹的《岳阳楼记》："不以物喜，不以己悲""居庙堂之高则忧其民，处江湖之远则忧其君"。用互文比较多的就是《木兰诗》，如"东市买骏马，西市买鞍鞯，南市买辔头，北市买长鞭"。

因此，在教学时应提醒学生理解这类诗句时要瞻前顾后，不能简单从字面上理解，更不能偏执于一端。只有如此，才能正确、完整地掌握这类句子的意思。

（二）古代文论在古诗文阅读教学中的应用

古诗文是中学语文教学的重要组成部分，入选中学语文教材的古诗文作品，可谓类型丰富，从《诗经》《楚辞》到汉代乐府，再到唐诗宋词；从先秦诸子散文到唐宋散文，花样繁多。教师在教学过程中引导学生鉴赏这些纷繁复杂的古诗文时，应运用何种文论才有助于学生鉴赏能力的提升呢？

1. 知人论世。

"知人论世"作为阅读鉴赏文学作品的重要方法之一，经常用在语文教学中，在古诗文教学中的使用频率最高。统编版语文教材高中必修上册第三单元的"单元学习任务"中明确表明："古诗词中常常寄寓着诗人对社会的思考和对人生的感悟。阅读本单元诗作，可以采用知人论世的方法，通过了解诗人的生平、创作背景等，深入理解作品。比如，了解杜甫及其所处的时代,有助于理解《登高》中忧国伤时、悲秋苦病的深沉情思;了解苏轼的人生经历及《念奴娇·赤壁怀古》的写作背景,有助于理解词作中蕴含的壮志难酬的忧愤及旷达洒脱的豪情。"①在"学习提示"中也明确提出要采用知人论世的方法深入理解作品。

　　孟子说:"诵其诗,读其书,不知其人,可乎?是以论其世也,是尚友也。"②(《孟子·万章下》)这句话本是针对如何结交朋友而言,后世学者把这段话概括为一个成语:"知人论世。"从而被后世文学批评普遍接受与运用,成为文学批评的一个基本原则和主要方法。"知人"就是读古诗文作品,必须了解作者的生平及思想。"论世"指的是要了解一位作家的生活与思想,就必须了解这位作家所处的时代及重大的社会政治事件。中学古诗文作品中,如果不了解人物背景、社会背景及写作背景,大约很难充分理解古诗文的含义,遑论古诗文中蕴含的文化价值了。

　　为了让学生更深入地理解古诗文作品,教师在教学中往往会有介绍作者及背景的环节。比如,在教学苏轼的《念奴娇·赤壁怀古》时,运用"知人论世"就比较恰当,不仅要了解苏轼的生平事迹、生活遭际、思想情感,还要了解作品中提到的周瑜和小乔。又如,统编版初中语文教材选编了杜甫的几首诗:《江南逢李龟年》《望岳》《春望》《茅屋为秋风所破歌》《石壕吏》。这几首诗写于不同时期,反映了作者不同的诗作风格。教师应运用"知人论世",通过对这几首诗不同写作背景的介绍分析不同时期、不同背景对其诗风的影响。对初中生而言,教师的教学重点应该放在品析杜诗的语言上,在运用"知人论世"时就应重点介绍杜甫对诗歌语言的苦心锤炼。杜甫在这方面尤为擅长,像"国破山河在,城春草木深","破"字使人触目惊心;"深"字令人满目凄凉。可见在古诗文教学过程中,教学目标不同,"知人论世"的侧重也不同。再比如统编版语文教材高中必修上册和必修下册分别选编了杜甫的两首

---

① 教育部组织编写:《普通高中教科书　语文　必修　上册》,人民教育出版社,2019年版,第69页。
② 方勇译注:《孟子》,中华书局,2015年版,第209页。

诗:《登高》与《登岳阳楼》。这两首诗都是杜甫的晚年作品,一首是五律,一首是七律。尤其《登高》,是作者晚年寓居夔州时的代表作品。这时,教学时就需要引入"知人论世"的方法。

"知人论世"是否在教学时引入,需要根据古诗文教学的具体目标而定。也就是教师依据课文所在的学段、单元及学生的实际情况,有针对性地确定教学目标。教学目标明确了,古诗文教学内容的选择就有了依托,"知人论世"教学方法的运用就有了更准确的方向。所以,"知人论世"教学方法的运用与否,如何运用,完全取决于教学目标。

引入"知人论世"时,需要注意以下几点:一是不能忽略学情分析。比如上文所列举的杜甫作品,学生既然在初中时已学过杜甫的作品,应该对作者及作品有了一定的认识,在高中阶段的学习就应该继续深入拓展,而不是简单的重复。通过对作品写作前后的对比、探幽、显微,学生能发现不同时期作者作品的异同,总结出杜甫诗歌"沉郁顿挫"的艺术风格。运用"知人论世"时,不能泛泛而化,要把写作背景和作者的处境加以具体细化,分析出背景处境是如何影响文本所蕴含的思想情感的。二是从文本特点分析。如《登高》是律诗中的典范。所以,教师应让学生通过具有典型性的律诗名篇的讲解、剖析,掌握律诗这种体裁的基本特征。在运用"知人论世"时,不妨结合时代特征,介绍一下唐代律诗"上景下情",即上两联着重写景、下两联着重抒情的诗歌形式,让学生从内容、结构等方面把握律诗的基本特点。三是有些古诗文作品与作者的具体经历、历史事件密切相关,这种情况下就需要引入"知人论世"。比如统编版语文教材八年级上册第六单元杜牧的《赤壁》,诗的前两句字面意思容易读懂,诗的后两句涉及周郎、铜雀台和二乔等人物及相关的历史事件,如果不完全清楚的话,可能会影响对主题思想的理解。因此,此处不仅要介绍作者的生平和写作背景,还需要进一步介绍赤壁之战的始末、大小乔的身份及曹操为何建铜雀台等,如此学生才能领会作者怀古寓情所寓含的壮志难酬、英雄无用武之地的情感。四是,"知人论世"是否引入教学中要根据课文文本的性质特征来决定。一直以来,教师习惯于在进入文本之前,先介绍作者生平和时代背景，而没有深入思考这些"知人论世"对文本解读是否有价值。其实，运用"知人论世"最基本的原则即为根据所教学的古诗文内容特征来判断。有一些作品，作者表达的思想感情比较含蓄、隐晦，不介绍作者及背景，根本没办法读懂其内蕴，也就无法正确理解文本，此时就需要引入"知人论世"。教材中所选的古诗文作品，很多情况下不需要"知人论世"也基本能理解文本，但引入"知人论世"是为了更深入地理解作者的思想感情。

有一些作品考量文本自身的内容特点时发现，对作者及背景的了解与否对于理解文本意义不大，这种情况在教学过程中就不必运用"知人论世"。比如统编版语文教材九年级上册第三单元选编的明朝文学家张岱的小品《湖心亭看雪》，这是一篇游记类散文，讲述了作者在一个雪夜乘舟前往湖心亭看雪的经过。作者以清新空灵的笔调，为读者描绘了一幅幽静深远、洁白空阔的雪景图，表达了他幽远脱俗的闲情雅致。如果运用"知人论世"介绍作者为明代遗民，仅仅以思念故土等内容去理解这篇文章，反而把作品的主题狭隘化了。

再如有些作品因为作者和写作年代不可考，根本无法运用"知人论世"这一教学方法。统编版语文教材八年级上册第二单元选编的《庭中有奇树》选自《古诗十九首》，八年级下册第三单元的《关雎》和《蒹葭》出自《诗经》。《诗经》是我国古代最早的诗歌总集，因为年代久远且很多作品出自民间，绝大多数诗歌难以确定具体时间，作者更难以考证。因此，在教学《诗经》相关作品时无须运用"知人论世"，如此也不影响探究《诗经》独特的艺术成就。

概而言之，"知人论世"应在必要的原则上运用。

2. 以意逆志。

统编版高中语文新教材中，古诗文教学依然占据重要的位置。新教材虽然没有专门设置古诗文教学的学习任务群，但在必修教材设计了4个独立的"古诗词诵读"板块。另有古诗文穿插在不同的单元里，在附录中也呈现了要求背诵的诗词篇目，相关的教学要求分散在其他学习任务群之中。与其说古诗文在教学中占据重要位置，倒不如说古诗文的学习在提升高中学生"语言建构与运用""思维发展与提升""审美鉴赏与创造""文化传承与理解"的语文核心素养方面具有重要价值与意义。古诗文教学的"教法"应该立足于学生的"学法",学生的"学法"具体而言就是古诗文的鉴赏之法。

在教学中,学生不一定对古诗文没有自己的理解和感知。学生在学习古诗文时,通过自己的生活和古诗文阅读经验,还是能够发现文章重点的。学生所欠缺的是具体的分析,这才使得见解或观点不够全面。因此,对学生来说,需要的是帮助他们寻找鉴赏古诗文的方法。学习鉴赏古诗文的方法多种多样,除上文提到的"知人论世"外,"以意逆志"也是比较常见的。

"以意逆志"是孟子首先提出的。孟子因不满意当时社会上流行的"赋诗断章,余取所求"之风气,即人们随意摘取《诗经》中的某些诗句来表达自己的见解,从而背离了原诗的意旨,便提出了"故说《诗》者,不以文害辞,不以辞害志,以意逆志,是为得之"①(《孟子·万章》)的主张。这句话的意思是:读者在解读一篇文章时,不拘泥于某一字词而损坏全文含义,不拘泥于某句话以损害全篇意思;正确的方法是"以意逆志",即读者用自己的理解去与作者的本意碰撞。后来,"以意逆志"就成了文学释义的重要方法。这种阅读方法其实是一种强调读者应当立足于作品,但不囿于作品,应以读者为主、以作者为辅的积极的阅读方法。"以意逆志"作为古诗文尤其是诗词的欣赏方法,是指在欣赏文本时要避免简单地理解表面的字词意思,避免从个别字眼去理解诗句;应该从作品的整体出发,由表及里、由浅入深地探求诗歌的主旨,用自己的切身体会真切感受作者的本意。

因此,完成对一篇文本的理解与欣赏,要充分发掘文本的"意味",鼓励学生发挥自己的主观感受、生活体验及文学鉴赏经验,通过对文本的想象和体味来感知诗人的思想情感,进一步体悟作品的意旨。学生在学习古诗文时,通过"以意逆志"的方法,可扩大自己的感受与认识,

---

① 方勇译注:《孟子》,中华书局,2015年版,第179页。

丰富、更新自己的古诗文学习鉴赏经验。在对古诗文阅读理解与鉴赏、质疑与解惑的过程中，学生能够积累语言经验、锻炼思维、丰富审美体验、感知优秀传统文化，从而进一步促进核心素养的养成发展。

运用"以意逆志"鉴赏古诗文时，首先要把握作品的整体；其次，尽量发挥学生自己的经验体会去推测作者本意；最后，需注意考虑作品的文体特点。比如在《愚公移山》的教学过程中，有的教师组织学生讨论"愚公移山可取还是搬家更可行？""这样的故事现实生活中可能发生吗？"。这里，教师忽视了这是一篇古代寓言，寓言是用一个虚构的故事讲述一个道理或阐述哲理。因此，解读文本应当以文本的文体特征为标准，或者说以文本的文体特征为"意"去逆"志"，只有这样才能真正把握文本的精神实质。

需要注意的是，"以意逆志"给读者充分的自主想象空间，有利于读者结合自身的体会创造性地理解文本，保证了意义生成的多样性、丰富性，从这个意义上说，"以意逆志"是合理的。然而，也不能过分夸大读者的作用，否则容易导致学生对文本进行误读，以至于违背作者的"志"，从而减弱作品带给人的震撼力。总之，在古诗文阅读教学过程中，除"知人论世"和"以意逆志"外，作为鉴赏方法的古代文论中还有"因声求气"、钟嵘的"溯流别"等多种理论，教师在实际教学中，可以根据学情、学段及单元特征等因素适当引入。

（北京教育学院　常雪鹰）

第二节 教学案例:《过秦论》

统编版高中语文选择性必修中册第三单元的《过秦论》,一直是中学语文课堂里一篇非常经典的文言文,学习难度也比较大。

从文章特点来看,《过秦论》概括了从秦孝公到秦亡国这一百多年来的历史,贯穿了作者对其兴衰缘由的关键认识。在西汉的贾谊看来,秦孝公等几代秦王在吞并六国时处于攻势,靠权术和暴力取得了成功;秦始皇在夺得天下之后,形势不同了,不该只使用暴力手段对待百姓,而应施行仁义,注重教化。而秦王朝并没有根据"攻守之势"的变化而改变政策,以致迅速夭亡。所以,《过秦论》表面看是史论文,其本质更是政论文。

同时,值得注意的是,本文虽属说理文,却用了十之七八的篇幅来叙事,而且采用了赋的手法:用千余字的篇幅概括从秦孝公到秦亡国这一百多年来的历史,叙述秦王朝由盛而衰的全过程和主要现象,而作者论断其兴衰缘由的关键观点只是贯穿其中。

从学生情况来看,高中学生具有一定的文言文解读能力,但对文言意蕴的体会很欠缺;高中生也有一定的文本分析能力,但对文章章法和作者思想的理解常常失之肤浅,容易标签化。因此,我们这次采用了"翻转课堂"的形式,以突出学生的自主生成能力,并尝试在"自我认知能力提升"的框架中解读这篇"古文"。

一、教学目标

（一）教学目标

1. 理解文意，厘清思路，把握作者观点。
2. 体会文章一气贯通、气势充沛、铺张扬厉的特点。
3. 探究"史实"与"史论"的关系，进而理解士人"天下担当"的精神特质。

（二）教学重点

领悟文章简劲凝练、博辩宏伟的语言特点和谨严周密的构思安排，体会其气势磅礴、感情充沛、锋芒所至、所向披靡的特质。

（三）教学难点

探究古代史论文章"经世致用"的特点，领会古代士人的情怀。

二、教学资源

活动准备

1. 完成课前"个人作业"。

个人作业（缩略版）

（1）标出下段材料中的关键词句，并抄写下来。

《过秦论》共有三篇。最早附见于《史记·秦始皇本纪》篇末，后来褚少孙补《史记》，又把它单独附在《陈涉世家》的篇末。《汉书》和著名的《昭明文选》也都选录了这一篇。后来收录在后人搜集的贾谊著作《新书》之中，并明确标出它是三篇中的"上篇"。

"过秦论"的意思就是"言秦之过"，指出秦的过失。从明、清到当代，几乎所有的古文选本都选了这篇《过秦论》（上），评点颇多。清代姚鼐《古文辞类纂》："雄骏宏肆。"近代吴闿生《古文范》："通篇一气贯注，如一笔书，大开大阖。"现代鲁迅《汉文学史纲要》第七篇："西汉鸿文。"

_____

（2）按照要求给重点字句注音，翻译画线句。

秦孝公①据崤函②之固，拥雍州③之地，君臣固守以窥周室④，有席卷天下⑤，包举宇内，囊括四海之意，并吞八荒之心。当是时也，商君⑥佐之，内立法度，务耕织，修守战之具，外连衡⑦而斗诸侯⑧。于是秦人拱手⑨而取西河⑩之外。

①秦孝公：前381—前338年，战国时秦国国君，嬴姓，名渠梁。穆公十五世孙。他任用商鞅变法，使秦富国强兵。

②崤函（xiáo hán）：崤山和函谷关。崤山，在函谷关的东边。函谷关，在河南省灵宝市。固，险要的地理位置。

③雍州：古代九州之一，包括今陕西、甘肃、青海和宁夏部分地区。

④周室：这里指代天子之位的权势，并非实指周王室。

⑤席卷天下：即取代周王室，控制四海。与下文中的"包举宇内""囊括四海""并吞八荒"是同义铺排。席，像用席子一样，名词作状语。下文的"包""囊"同此。

据_____ 固_____ 拥_____ 席_____
包_____ 囊_____ 斗_____

内立法度，务耕织，修守战之具；外连衡而斗诸侯。

_____

··········

（3）研读课文，分析把握文章内容。

第1段主要写了哪些内容？是从哪几个方面来写的？

第2段（略）……

第3段①作者先用哪些话揭露秦始皇政策的实质？②哪几句写了他的对外政策？

··········

（4）深入探究。

第5段主要采用了哪种论证方法？请再找出几处，结合具体内容谈谈作者采用这种论证方法所取得的效果。

作者借古讽今，以为强秦的速亡究其根本是其不行仁政，你怎样看待这个结论？

…………

2. 四种"小组作业纸"。

```
小组作业纸（1）（×年×月×日）
小组成员：_____
小组任务：_____
观点记录：
姓名____观点_____
姓名____观点_____
姓名____观点_____
姓名____观点_____
```

```
小组作业纸（2）（×年×月×日）
小组成员：_____
记录人：_____
讨论话题：
发言记录：
我的思考和补充：
其他发言要点摘记：
```

```
┌─────────────────────────────────────┐
│ 小组作业纸（3）（×年×月×日）        │
│ 小组成员：＿＿＿＿＿＿＿            │
│ 小组任务：＿＿＿＿＿＿＿            │
│ 对任务的理解：                      │
│                                     │
│ 例证+分析：                         │
│                                     │
│                                     │
└─────────────────────────────────────┘

┌─────────────────────────────────────┐
│ 小组作业纸（4）（×年×月×日）        │
│ 小组成员：＿＿＿＿＿＿＿            │
│ 小组任务：对"名词作状语"的研究      │
│ 对王力先生文章的理解：              │
│                                     │
│ 本课内的例证+分析：                 │
│                                     │
│ 其他例证+分析：                     │
└─────────────────────────────────────┘
```

3. 拓展资料。

（1）王力：《古代汉语》，中华书局，1989年版。

（2）贾谊：《过秦论》（中、下），《新书校注》，中华书局，2000年版。

（3）《古文观止·过秦论》评点本，中华书局，2000年版。

（4）孙绍振：《雄辩艺术的不朽经典》，《中华活页文选（教师）》，2014年第6—9期。

（5）林碧莲：《〈过秦论·上〉"气盛"之源》，《福建教育学院学报》，2008年第2期，第68—69页。

（6）司马迁：《史记·屈原贾生列传》，《史记》，中华书局，1982年版。

三、教学过程

（一）导入

1. 请同学根据"个人作业"的内容，介绍本文的相关背景。

2. 从明、清到当代，几乎所有的古文选本都选了这篇《过秦论》（上），因此前人对它的评语也很多。比如：清人姚鼐在《古文辞类纂》中评它为"雄骏宏肆"；近人吴闿生在《古文范》的夹批中评它"通篇一气贯注，如一笔书，大开大阖"；鲁迅先生在他的《汉文学史纲要》第七篇更称赞这篇文章为"西汉鸿文"。

可见，大多数评论者主要称颂本文气势充沛，可以说是古今第一"气盛"之文。如何理解这种"气盛"呢？这需要我们从"文言"到"文意"层层深入，进行理解。

（二）疏通词句，理解文意

1. 小组交流，完善自己的作业。要求：综合同学意见，在自己的作业本上用第二种颜色笔记录同学意见，并完善自己的答案。×分钟后收齐上交"个人作业"。

2. 各组领取"小组作业纸（1）"。将本组讨论中解决得最好的点发表在黑板上（或其他公共空间），同时将本组讨论后仍然不能解决的词、句写在黑板上（编辑为共享文档）。

高中学生是具有一定的文言文解读能力的，将通读通译设置成个人作业+小组任务，基本保障了"文言"的学习和"文意"的基础梳理，节省了大量的课堂时间，可以用来和学生一起进行"文意"的深掘。

3. 教师选取集中度最高的两个问题进行研讨。

例如：①关于名词作状语；②关于本文中的形象化表达。

首先是"名词作状语"的问题。

这一点，语言学家王力先生在他的《古代汉语》里有很清楚、很权威的表述。同学阅读，并完成"小组作业纸（4）"。

其次，是《过秦论》里那些形象化表达的句子。

信臣精卒陈利兵而谁何。

这个句子的主干结构非常清楚，主语是"信臣精卒"，即"可靠的官员和精锐的士卒"，他们发出了两个动作，"陈利兵""谁何"，中间用"而"字连接。其中"陈利兵"就是"摆开锋利的兵器"，"谁何"就是"谁呵"，即守卫喝问来人时的常用语，"谁啊？！"。所以，这个句子并不是一句简单的陈述，而是一句生动的展现，这句话再现了秦王朝鼎盛时期，那些精锐强悍的帝国守卫，手执利刃，气势强横地盘问过往人员，不放过任何一个可疑分子的景象。所以，如果仅仅把它翻译成现代汉语，将古汉语用现代汉语的句式表达出来，就是主谓语的对照：可靠的官员和精锐的士卒摆开锋利的兵器喝问过往行人。

这样翻译固然是正确的，可比起原文真的是非常失色啊！这样一比，贾谊的语言就更加令人赞叹：他在一篇论辩文中、在一句简单叙述中，让我们听到了声音，看到了武器和盔甲，甚至可以想象守卫和行人的表情，这一句的描绘，如同钱锺书所谓"怀孕的瞬间"，如同一个最富有表现力的镜头，透过它，帝国的强横和强大，不再抽象。

在这篇文章里，这样形象化的表达非常多。比如"君臣固守以窥周室"一句中的"窥"字就很值得品味。结合前面的"据崤函之固，拥雍州之地"，可以解读出这样的矛盾：一方面是说秦国地形有利，但地盘很小；另一方面则是说秦的政治野心很大。中国诗词讲究诗眼，要读出文章的好处，也要讲究字眼。像"窥"这样的字眼，用拟人手法构成了以小窥大的形象，无疑精练之至。可以说，"窥"的内涵对秦之崛起有着重大意义。

学生完成"小组作业纸（3）"。

这一部分要由学生以小组学习的方式完成，教师需要提出规则，并且在小组遇到难题"瘀点"时提供帮助。在小组讨论后,教师必须做出进一步的整合、拓展、提升,让学生深切地感悟到文言文的词语绝不只有简单的语法功能,还具有很强的艺术表现力。

(三)厘清思路,把握观点

1. 阅读所发放的相关资料,这些资料使你在"个人作业"的基础上写出对文章思路的理解,小组交流并完成"小组作业纸(2)"。

这样的阅读安排,意图是让学生在"文言"的基础上进一步理解"文意",这首先需要理清文章的构思,并深刻理解作者如此安排的意旨所在。这一部分需要教师留出足够的时间,并且深入各个阅读现场,随时解决各小组的实际疑难。这个环节也可以课下进行,教师线上答疑。

2. 就《过秦论》作者的观点进行讨论。

(1)内外圈发言及记录。

要求:组内确定发言的同学坐在内圈,其他同学分别一对一坐在内圈同学的身后。内圈发言者首先对之前出现的一个话题进行回应,然后讲解自己的发言要点,时间×分钟。外圈对应的同学按照"小组作业纸(2)"上的要求进行记录。讨论结束。请外圈同学将记录纸拿给内圈同学看一下,两个人共同签名上交。

讨论之前,教师可以先抛出1—2个问题,例如:

第一,在叙述秦的扩张时,贾谊的说法并不符合史实。六国合纵,与秦作战有五次。秦两胜两败,其中一次是在外交上的重大退让,才使对方撤军。可是,贾谊却将之说成不战而胜、战略性的压倒性胜利。"**秦人拱手而取西河之外**"这句话,把地居僻远的秦国经过外交上的纵横捭阖、百年的血腥战争,扩张到黄河以西,用"拱手"两个字总结,似乎没有动手、没有流血就扩张了土地。话说得这样轻松,自然是语言的高度概括力,但更是夸张了胜利的唾手可得。对此,你怎么看?

第二，正如孙绍振教授指出的，本文论点把秦灭亡的原因仅仅归结为"仁义不施"，即亡于法家的严刑峻法，论点未免有失片面。有学者指出，秦之国祚短促，许多政策恰恰是法家所否定的，如《韩非子》中的《亡征》有一百多种，秦始皇就占好几条。例如，秦始皇过于勤政，也就是过于集权，正是法家所反对的。秦究竟是亡于法家，还是没有彻底遵循法家？至今在学术上还存在争辩。比较折中的看法是，秦亡是内外多种原因造成的，不能简单认定为违反儒家的仁政原则。《过秦论》的论点，无疑具有片面性。对此，你怎么看？

学生观点汇总：

此非历史论文，而是政论文，所以在论点基本正确的前提下对具体的历史事实进行"说法上"的处理，将秦的东进扩张甚至统一全国说得非常轻松，这方面自然体现了语言的高度概括力，夸张了胜利的唾手可得。这样处理，固然文采斐然、文势充沛，却真的太失之客观、太文人气了。

"过秦论"即"言秦之过"，意为指出秦的过失。在贾谊看来，秦孝公等几代秦王在吞并六国时处于攻势，靠权术和暴力取得了成功；但在秦始皇夺得天下之后，形势不同了，不该只使用暴力手段对待百姓，而应施行仁义，注重教化，才能维持住威势，避免灭亡。秦王朝并没有改变原先的政策，所以迅速夭亡。所得的经验教训是：取天下以武力，治天下以文功，即后世所谓"马上取天下，马下治之"。此前，"武攻"是正确的，此后，"武治"才发生了错误。这一点，其实是"借历史而言时事"。

《过秦论》分上、中、下三篇，课文所选是其上篇，侧重论述秦兴的气势，以反衬其亡之衰颓，从而得出施仁义的重要。在中篇作者才正面批判秦始皇与秦二世的过失，指出"取与守不同术""并兼者高诈力，安危者贵顺权"，并提醒统治者"安民、可与为义，而危民、易与为非"。下篇则进一步议论失民心、失天下，秦三世不改其政，彻底失去了民心，以至危亡之时而无人拯救，劝告统治者"是以君子为国，观之上古，验之当世，参之人事，察盛衰之理，审权势之宜，……故旷日长久而社稷安矣"。三篇《过秦论》以秦之兴开篇，以秦之亡结篇，层层深入，剖析秦的兴亡得失，充分表达了贾谊对秦朝兴亡的深刻认识和对汉朝社会问题的深切关注。

（2）自由发言。

无论内圈外圈，均可申请发言，发言时间不超过1分钟。

问题一：本文之所以气盛而传诵不朽，之所以使人觉得有说服力，它的气势仅仅来自作者遣词造句方面的文学才华吗？

观点汇总：作者当然有高超的写作能力，可造句成文方面的文采只是"气"之"表"，而不是文章"气"之"核"。文章之所以气盛，是因为作者对自己观点的信心及强大的说服欲望，而这种信心来自他对秦王朝灭亡原因的深刻理解，说服的欲望则来源于贾谊积极用世的雄心。

问题二：文章中对比很多，这种对比为什么能产生强大的雄辩力量？

观点汇总：文章采用的不是一般的对比模式（秦国与九国、秦国与陈涉、陈涉与九国），而是采用把矛盾推向极端的对比（军事上、国土上、人才上）强化模式。强化矛盾双方力量对比之强弱悬殊，斗争的结果却是力量对比的倒转。

这样一来，悬殊对比走向反面的结果乃是另一极端，极强转化为极弱。这种强大的对立面的转化，不是一般的转化，用西方人常用的话语来说，乃是戏剧性的转化。贾谊的气魄就在于树立强大的对立面，展示戏剧性的转化，使文章本来宏大的视野又带上了雄辩的风格。

这些讨论是在完成"文言""文意"的基础上组织进行的，并在完成之前探讨的基础上，不断给出新的思考角度，启示学生的多元化思维。这一部分除了思想引领，还需要启迪学生的思想、发挥学生的主动性，这就需要有效地组织小组学习。

（四）小结与作业

这篇文章气势充沛，同时在对史实进行处理时，体现出作者的身份、地位，他表达的对象、动因、背景及他的策略选择。正是基于此，作者贾谊在本文选择了一种"超逻辑"的说理方式。我们在看到这一点时也要反思，如果以逻辑为唯一的判断标准来评判，可能就会错失文本的价值。从古至今，许多人仍叹服于贾谊的《过秦论》是文人之意与历史逻辑的一次较量，严格的史论应该就事论事，严谨周密，尊重历史逻辑；但传统的史论，尤其文人的史论则重借题发挥，逸兴遄飞，凸显文人之意。朱自清在《经典常谈》中说："经典的价值不在于应用，在于文化。"[1] 中国传统史论文化更倾向于创造一个表现历史认识和判断的自我世界，有强烈的主观意味。

中国古人历来讲究"经世致用"，他们写作的史论文章并不仅仅就事论事，而往往是政论文章，或总结历史规律以资治，或以史为鉴以规讽，或将施政于民以图强，体现的则是古代士人积极面对现实问题、心怀天下、勇于担当的精神。纵观贾谊的一生，无论穷达，这个"才调绝伦"的贾生始终没有放弃对社会的关注和为国谋策的使命。正是这种积极用世的雄心才使其文章气势磅礴，千年之后依然动人心魄。

作业：

（1）过程性作业：个人作业、小组作业。

（2）根据讨论的内容，选择一个自己感兴趣的话题，写成一篇不少于800字的论文，题目自拟。

四、教学成果

本设计为"翻转课堂"的教学案例，每个环节都有个人作业或小组作业，最后将学生的各项得分记录为本课最后的分数。得分表如表2-1所示。

---

[1] 朱自清：《经典常谈》，生活·读书·新知三联书店，2008年版，第4页。

表2-1 作业得分表

打分项	作业1	小组作业1	小组作业2	小组作业4	小组作业3	论文	表现加分	总分
占比	20%	15%	15%	15%	15%	20%		

之所以选择传统名篇《过秦论》实施"翻转课堂"实践，一是因为这种教学形式我校已经尝试了近十年，二是这种形式的确有效地解决了文言文学习和教学中的一些难题和痼疾。

（一）首先是"文言"和"文意"的矛盾

文言文的学习，我们必然要了解实词的意义、虚词的用法、活用现象、特殊句式，只有习得了这些知识，才能跨入古汉语的门槛，得以窥见汉语的深邃，也才能真正理解中国文化。所以，"文言"基础部分的意义怎样强调都不为过，那些越过"文言"谈论意义的架空教学，只能沦为"无根游谈"。然而，课堂教学若只着重于此，却是肢解美文、胶柱鼓瑟，教学会流于枯燥宣讲，美文会沦为味同嚼蜡。

"翻转课堂"的操作，把这部分的学习内容以"作业"的形式下放给学生进行，一方面是因为高中学生具有一定的文言文解读能力；另一方面是让学生直接面对教师备课时所面对的教辅资料，从中查找比对记录研磨，这个类似"备课"的过程，意义同样重大。这样，"课前学习"阶段就相当于学生自己把这篇课文"备"了一遍，课堂上在进行小组讨论时自然也就有话可说，言说的也是自己的"真问题"。而之后的小组学习，设置"改正和完善"自己作业的环节和问题汇总的环节，就基本保障了"文言"的学习和"文意"的基础梳理，同时节省出来的大量课堂时间，教师可以用来和学生一起进行"文意"的深掘。

（二）其次是"教师讲授"和"学生学习"的矛盾

文言文离不开教师的讲授，"传道""授业""解惑"是韩愈提出的。因此，"讲授"不是问题，问题是"讲什么"和"怎么讲"。

其实,教师"讲什么"是由学生的需要决定的。事实上,每次"翻转课堂"中教师讲授的部分都是不一样的,往往是这个班学生热烈争论的问题另一个班的人却兴趣寥寥。因此,"讲授"部分的内容恰是对教师授课能力的挑战,往往是你备了"一桶水",而学生需要的是红茶。这个时候,教师是"敲黑板画重点"、叫大家"你们的并不重要,来来来,听我讲",还是沿着学生的探索方向帮助他们"通关"?性质和效果肯定截然不同。说到底,课堂不是老师的"秀场",而是学生的"学习场"。

那么,老师该"怎么讲"呢?一要将学生散乱芜杂的问题"提起来",在一定的高度上把它们汇总成一两个有价值的问题;二要"往前推",引导学生应用教师所讲授的知识去解决相似问题,进而完成知识的归类。这是一个"由实践到知识再到实践"的过程,这个过程强调的不仅是"知识",而是让学生体验"知识的价值",进而操练他们的"思考力"。

(三)最后是"古文"和"当下"的矛盾

两千年前的一篇古文,我们"今天"为什么还要学呢?教师当然不会技穷到拿"考试要考、分值不少"的理由来压学生,所以,我们可以尝试在"自我认知能力提升"这个框架中解读一篇"古文"。古文对学生的自我发展来说是一次重要的"试炼",是一个"打怪升级"的战场。所以,教师如果想站在"人的发展"的高度来审视、来思考,一方面要避免做拘泥古文而不化的"冬烘";另一方面也不要一味取悦学生去"媚俗",如乱引网络用语等,这些正不断以各种方式直接或间接地诱发着对汉语的不敬。更值得警惕的是,这种不敬在今天已积聚为某种亵渎的习惯和冲动,遥遥地指向一种根本性的破坏前景。

《中庸》说:"天命之谓性;率性之谓道;修道之谓教。"[1]学习的目的,即是人生的目的。所谓教育,就是启发一个人自性的圆满,使他

---

[1] 王国轩译注:《大学·中庸》,中华书局,2016年版,第56页。

"成为他自己"。说到底,"翻转课堂"只是一种形式。重要的是,我们用它来做什么、解决了怎样的问题。相对于这种形式,我们需要时时回顾的,是教育的目的,是我们自己选择成为教师的"初心"。

(北京大学附属中学　王来宁)

第三节　专家点评：以翻转课堂实现深度阅读

古诗文学习作为语文教学的重要组成部分，是提升学生语文素养的重要途径之一。新的教育背景下，古诗文教学越来越多地受到重视。如何在文言文教学中做到"文""言"并重、"知识""能力"兼顾？如何改进学生的学习方式，让语文学习在学生身上真正地发生？很多老师都在进行着有益的尝试和探索，王来宁老师的《过秦论》（上）翻转课堂给人很好的示范和启发。

第一，小组合作的学习方式，唤起和保证了阅读的主体性、主动性。本课采用了翻转课堂和小组合作的学习形式。王老师的课堂分组教学不是简单地让几个学生坐在一起，而是以学习任务的作业反馈为内容，任务指令明确，活动流程清晰，讨论时间充分，评价指标量化，整个活动有序有效。其中有两点做法值得老师们借鉴。

首先是"小组讨论"的组织，每次都会有不同的"小组作业纸""课堂讨论记录纸"，有对组员的要求、对组长的要求，每个角色都有各自明确的任务。特别是"内圈""外圈"的设定，足以让人眼前一亮。例如，在《过秦论》（上）翻转课堂的第一部分，教师的指令是：小组交流的内容是完善自己的作业。要求：综合同学意见，在自己的作业本上用第二种颜色笔记录同学意见，并完善自己的答案。×分钟后收齐上交"个人作业"。作业不仅仅是个人之前完成的部分，还必须有讨论过程中倾听、改正而成的部分，教师不仅针对学生的"完成"打分，也对学生的"改正"打分。

其次是"评价方案"的设计，切实保证了小组学习的有效性。我们可以再回头看一下表2-1所示的"评分表",这样的"评价方案",其实就是推动学生在讨论中积极分享自己的答案,在分享过程中"发现"自己可以补充的地方在哪里;同时也可以积极提出自己的问题寻求帮助,并在众多的回应中"选择"自己认可的部分。小组的每一个活动,都是个人分数的一个重要组成部分,这就保障了每个组员都要对小组整体分数负责。从某种意义上讲,这份评价方案是保障"小组讨论"有效性的根本。

所有这些,都体现了新理念下课堂教学的"设计感",众多的环节和任务唤起并保证了学生阅读的主体性、主动性,是进行文本深度阅读必不可少的准备。

第二,学习任务的预设和生成,引导和实现了阅读的不断深入。

翻转课堂是一种学生自主学习的有效方式,实现课堂翻转的一个重要前提是学习任务单的设计。好的任务单不仅要以课标、教材内容为依据,更要基于学情、文体特征,符合学生的认知规律。王老师设计的学习任务,将《过秦论》教学的重点按照顺序,有梯度地呈现出来,引导学生从文言走向文意,进而走向更加深入的思考;从讨论名词状语这一语言现象和用法,到论说文语言的形象性,再到对作者观点的思辨与批判,学习任务循序渐进。教师能够基于语言层面的教学,牢牢抓住语文学科的必备能力,"一拖三"式地向审美、思维和文化层面延伸拓展。体现了教师对本堂课的教学定位,凸显了学科核心素养的培养理念。

另外,王老师的翻转课堂有引导学生一步步深入文本的学习流程设计,老师不仅和学生一起讨论、寻求答案、共享知识,更重要的是,能够及时抓住课堂上生成的问题,及时地、有针对性地进行点拨,从而保障学生进入这个流程时,能够"使用"已经掌握的技能来获得源自"习得"的快感,还能激发其思考、启发其智慧,以获得"解惑"的快感。例如,《过秦论》(上)翻转课堂的第二部分中,第二个阶段的讨论题就是直接从第一个阶段的"小组讨论"中筛选出来的,问题带有极强的"个性"。教师对这一问题的点拨引导,使这个极有探讨价值的个性问题得到共同的关注,让学生收获了课下不能获得的东西,显示了一个优秀教师成熟的教学智慧和课堂驾驭能力。

第三，基于文本理解的资料补充，开掘了文本价值和多元阅读的深度。

学习方式的改变可以通过有效的问题设计和材料支持来实现。优秀的教师不仅要对文本有深入的解读，还要具备对有关文献及时把握的能力。难能可贵的是，王老师的资料补充不是为了拓展阅读而拓展，而是在拓展的基础上充分挖掘文本价值，在巧妙的问题设计中，在课文与史料的对比阅读中，引导学生更深入地阅读和理解文本，从而培养学生的批判性思维能力。补充资料的根本目的不是探究对与错，而是促使学生通过发现问题，探究真相，从而提高认知，发展和提升思维能力。

比如《过秦论》教学第二部分，老师给学生补充了四篇秦朝灭亡的史料，引导学生从观点和史实两个角度分别与课文进行对比阅读，让学生更加全面而客观地了解秦朝速朽的原因，帮助学生发现史料与课文观点上的矛盾：贾谊把战绩平平的秦朝写得无往不胜，其实是一种夸张的写法，这显然有违论说文以事实说话的原则，这样的写法意图何在？教师补充的资料和设定的问题"逼着"学生思考贾谊创作《过秦论》的真实动机，进而结合创作背景，探讨课文在史论形式表象下丰富的政论价值和文学史地位，而不是仅仅停留在对贾谊观点的被动接受的初级认知层面。从这个角度讲，教师的专业功底决定了课堂阅读的深度。在这样的课堂中，我们看到了这样的教师价值：关注学生思维的培养，具有开阔的思维视角，具有激发学生不断学习探索的魅力。

总的来看，王来宁老师的课堂是学生自主学习的有效课堂，也是学生深度参与、深度阅读的课堂。在这堂《过秦论》的教学中，学生的语言实践活动在真实地发生，教师的指导也产生了积极的作用和效果。需要指出的是，优秀的文言文在文言、文章、文学、文化等层面有着多重的教学价值，而文言知识的落实，文意理解当是最基础的，即使在翻转课堂，我们也仍希望能从教师的任务设计和课堂呈现中看到更多关于文言落实和文本细读的教学内容。希望未来有更多的教师在实践中有更多的尝试和探索。

(北京市八一学校正高级教师　王建稳)

▷ 第三章 ◁
专题教学

语文专题教学，即以"专题"形式组织语文教学，既不同于传统的单篇课文教学，也不同于教材模块的单元教学。以"专题"进入教材的并不多，"专题教学"主要是由教师根据教学需要自主编排，偏向于学生的语文活动探究能力，所以"专题教学"在高中实施得较多，初中相对较少。目前在使用"单元"组织的统编版教材情形下，有两种教学编排：一是穿插在单篇和单元学习之余另辟"专题"，一是结合所学单篇和单元形成"专题"。无论哪种情形，每个学期的"专题"数量都不宜超过两个。由于语文专题教学的自主性强，灵活性大，因此也是最难设计的。

随着语文课程改革的深入发展，近年来专题教学逐渐兴起并引起广泛关注和热烈讨论。针对中学语文教学普遍存在内容碎片化、形态同质化、思维培养浅表化等问题，作为对现实问题的回应与破解，语文专题教学充分尊重学生的学习权利，显露出鲜明的整体性特征，从注重知识传递的效率转向知识建构的质量，使语文课堂形态大为改观。语文专题教学以其读写共生的教学理念和类似学科活动课程的平台功能，在听、说、读、写的交互作用中促进了学生语文能力的综合提升，为培育学生的语文核心素养提供了新的路径。

专题教学更考验教师的教材重新组合能力、额外编排能力和学生调度能力。就目前语文专题教学实施而言，教师们对专题有一些个案认识，如诗歌专题、鲁迅专题等；对专题有一些特征认识，如群文阅读、以类聚篇等；对专题有一些方式认识，如探究归纳等。同时也出现了以下四种倾向：一是语文专题确定的随意性，任意确定专题；二是语文专题教学内容的叠加性，只把专题教学片面地当作阅读材料的增多；三是语文专题教学方式的僵硬性，任务设计不够开放，多集中于客观性事实和情感性表现；四是语文专题教学评价的单一性，成果输出初高中同质化，以学生辩论、写论文形式作为专题教学的成果，且没有形成评价标准。针对这四种倾向，我们从语文专题的本质出发来探讨语文专题教学。

第一节　理论指导：内容统整，变教为学

语文专题教学不仅是教学资源的综合归类，而且更应该是一种学习方式的改变。本部分将阐释"语文专题教学"的四个问题：如何确定、是什么、如何实施和如何评价。[1]

一、确定维度

"聚篇为类"不是专题教学，但无"类"不成"专题"，所以我们先要梳理以往的语文专题教学都是"以什么类为专题"的。例如：

北京版高中语文选修专题
诸子散文、唐宋古文、鲁迅诗文、毛泽东诗文、红色经典、京味小说、文学与乡土、莎士比亚与欧洲古典戏剧、访谈与调查、发言与演讲、讨论与辩论。

吴泓的高中语文专题
高一上学期：《诗经》，《边城》，海明威，中国当代诗歌（1979年至2009年）；
高一下学期：《论语》，莎士比亚，屈原与《楚辞》，《雷雨》；

---

[1] 朱俊阳：《语文专题教学的本质》，《语文教学通讯》（学术刊），2017年第11期。略有改动。

高二上学期：蒋廷黻《中国近代史》，鲁迅《呐喊》《彷徨》，苏轼，《红楼梦》；

高二下学期：伍尔芙，李白或杜甫，加缪或卡夫卡，王安石或韩愈。①

教学专题是指在教学中集中探讨的某一个方面的内容，可以是一个人物，也可以是一部著作，亦可以是某个话题、某个知识点等。从以上这些语文专题教学看，语文的专题教学"以什么类为专题"主要有四类：以"作家"为专题，如李白专题、杜甫专题、莎士比亚专题、海明威专题等；以"主题"为专题，如文学与乡土、红色经典、京味小说专题等，语文教师也最喜欢以这一类开展专题教学；以"作品"为专题，如《诗经》《论语》《边城》《雷雨》专题等；以"学生言语活动"为专题，如访谈与调查、发言与演讲、讨论与辩论等，主要以提升学生能力为专题。

综上，语文专题教学归纳起来主要有四个维度的专题：作品、作家、主题、学生言语活动，这和艾布拉姆斯在《镜与灯》中提出的文学四要素理论"作品、作家、世界、读者"不谋而合。

二、专题本质

什么是语文专题教学？这个问题一直备受语文学界关注。以往有很多关于专题教学的界定，如"专题教学是一种课堂活动模式""专题教学是一种体现建构主义理念的教学与学习方式，其目的在于解决学生不能活用知识的现象""指在一定的专题或问题情境下，以学生主动建构为活动主线，旨在促进学生多元智能发展的教学活动形式"，等等。②但是，这些定义都未能充分地落实到语文专题教学上来，因为语文专题教

---

①吴泓：《"温暖和百感交集的旅程"——高中语文实施专题研究性学习的两个问题》，《广西教育》，2014年第48期。
②朱俊阳：《语文专题教学的本质》，《语文教学通讯》（学术刊），2017年第11期。

学一直以来都在实施着简单而重复的"聚篇为类"的教学，即只把专题教学当作资源的变化，而非教学理念的变化。

上面我们已经归纳出语文专题教学"类"的视角，那随之带来的问题是：既然它和以往的语文单元教学都是"聚篇为类"，二者有什么不同？试比较：

苏教版高中语文必修一以"专题"编排，苏教版语文七年级下册是以"单元"编排[①]，同样是以"主题"编排，高中叫"专题"，初中叫"单元"，那"专题"和"单元"到底有什么区别？我们发现，苏教版高中的每一专题都有一个副标题，如"向青春举杯"是"活动体验"；"获得教养的途径"是"问题探讨"；"月是故乡明"是"文本研习"，那么"活动体验""问题探讨""文本研习"就构成了语文专题的三个特征。除了教材上的专题，教辅上的专题和教材上的单元亦不同，如《时代语文》中的"专题"，试比较：

> 童年是金色的。这里展示了一幅幅童年生活的画卷。有人童年受到呵护，也尝到各种酸甜苦辣的滋味；有人童年单纯可爱，可身上也留下了社会的印记；有人童年远未定型，却表现出了未来的某些个性……童年的生活和感受是深藏在人们心中的无尽的宝藏，也是生命长河不竭的源泉。（苏教版语文七年级下册"童年趣事"单元导读）

> 童年是每个人生命历程中难以抹去的记忆，不同人的童年有不同的色彩、味道，不同的基调。阅读小说《呼兰河传》的节选文段，你可以看到呼兰小城中萧红的童年故事，结识与她最亲近的祖父。阅读《我的梦开始的地方》，你是否感受到迟子建童年记忆里那份灵性的光芒？阅读努尔哈赤的童年故事，你又有何收获？一片热土，为童年濡染出哪些动人的底色？这些童年故事的讲述者都

[①] 由于统编版中学语文教材以"单元"形式组篇，而本章研究的对象是专题，因此本文选取"专题"形式组篇的教材。

是作者本人吗?讲述者身份的变化带给你怎样的感受?带着这些问题,开始你的阅读旅程吧。[《时代语文》(七年级)专题一"童年·底色"的专题导读]①

苏教版高中语文必修一 第一专题　向青春举杯	苏教版语文七年级下册 第二单元　童年趣事
⊙吟诵青春 沁园春·长沙/毛泽东 相信未来/食指 *让我们一起奔腾吧/江河 ⊙体悟人生 十八岁和其他/杨子 我的四季/张洁 ⊙设计未来 青年在选择职业时的考虑(节选)/[德]马克思 我的五样/毕淑敏 ◎写作 　　写作观:你的生活很重要 　　写作指导:激活我们的诗情 　　写作实践	6　从百草园到三味书屋(鲁迅) 7　月迹(贾平凹) 8　*三颗枸杞豆(程海) 9　我们家的男子汉(王安忆) 10　*柳叶儿(宋学孟) 诵读欣赏　两小儿辩日 　　　　　黄纱巾 写作　记事写人线索清楚 口语交际　劝告

同样是"童年",专题教学和单元教学最明显的不同是,专题教学有一系列问号,单元教学却没有;专题教学是针对一个个"你"说的,单元教学却是泛泛而谈;专题教学重"阅读感受",单元教学只关注这几篇课文的内容。从这三点我们可以得出,专题教学有"问题情境";

---

① 吴欣歆、王彤彦主编:《时代语文:三维阅读　互动课堂》,华文出版社,2014年版。

专题教学更突出"学生个体";专题教学更突出"阅读体验"。这三个特征和上面的三个特征不谋而合,加上"聚篇为类",语文专题教学共有四个特征:

1. 聚篇为类的整体编排。
2. 设定的问题情境。
3. 更开放,更贴近生活,更注重学生能力(阅读鉴赏、梳理探究、表达交流)培养的学习任务。
4. 学生学习思维建构的教学过程。

"阅读鉴赏""梳理探究""表达交流"能力正好是"语文学科核心素养"中的"语言建构与运用、思维发展与提升、审美鉴赏与创造、文化传承与理解"的外显形式[①]。

语文专题教学的本质是:"语文专题教学是按作品、作家、主题、学生言语活动的视角聚篇为类,在一定问题的情境下,通过设计更开放、更贴近生活且具有可操作性的外显性学习任务,旨在提升学生语文核心素养的思维建构的课堂组织形式。"[②]

三、教学实施

"专题"是整体编排的,即"阅读资源"是集中放在一起的,问题研讨和活动交流另有层次地集中在一起;而"单元课文"则是"各自为政",问题研讨和活动交流也是"各自为政",这体现了"专题"相对"单元"来说更综合,所以教师在自行编排"专题"时,一定要注意这个规律。

教材是指导教学的,最好的教材就是指导教师如何实施教学,这里参考的范例同样是有"专题"的语文教材,下面以苏教版语文八年级下

---

①吴欣歆:《探索发展语文核心素养的可操作性表达》,《中国教师》,2016年第39期。
②朱俊阳:《语文专题教学的本质》,《语文教学通讯》(学术刊),2017年第11期。略有改动。

册"叶"专题和苏教版高中语文必修二第二专题"和平的祈祷"为例展开讨论。

先看"叶"专题。"叶"是以"话题"来编排，主要阅读材料有古诗四首《同儿辈赋未开海棠》《题红叶》《山中》《城东早春》；诗三首《绿叶》《二裂银杏叶》《绿叶的声音》；散文《一片绿叶》（节选）。非连续性文本参考资料《辞海》"叶"词条，打破文体围绕话题"叶"集中编排。教学实施分为三个层次：一是"思考·讨论"，二是"观察·联想"，三是"活动·探究"。"思考·讨论"聚焦于情境化的深度问题：或是"原因"，如"诗人为什么注重叶的色彩的描绘"；或是情境下"生活中的道理""哲理"，如"'红花虽好还要绿叶扶持'，这一说法的美学道理是什么？在生活中，我们常常引用这句话，它的含义又是什么？""你也能从叶联想到现实生活中的人物和事，或者领悟出某种哲理吗？"；或是只关乎读者的"你的体悟"，如"用心聆听，从每种声音中你都能捉摸到具体的内容，体会到某种情感""请联系七首诗中的一两首，谈谈自己这方面的体会"。"观察·联想"是表达交流的前提：或是现实情境下"生活中的观察写作"，如"仔细观察各种植物的叶子，以'叶的风姿'为题，写一篇短文，描述各种叶子的风姿，并要求画出所写叶子的形状、色彩，附于文后"；或是"展开联想的交流"，如"以'叶的联想'为话题，相互交流：你由叶的某种现象联想到了什么？"。"活动·探究"是把探究融入活动之中：或是"读书交流会"，如"班级举行'叶的非凡本领'交流会""'落叶诗句探讨'活动""开展一次读书活动，举办研讨会或交流会"；或是"动手设计+创作"，如"动手制作叶脉书签……并创作小诗一首，随书签赠送"。从这个例子，我们知道，专题教学实施途径在**学习情境**前提下，一般经过：

一是通过阅读鉴赏**探讨深度问题**的原因或道理。

二是在阅读鉴赏的基础上**通过体验**与思维（观察联想）进行表达交流。

三是在阅读鉴赏的基础上**通过活动**梳理探究、表达交流。

阅读鉴赏是语文学科之根本，专题教学的实施同样不能只有肤浅的生活问题解决和形式活动。如果问题的解决、体验与思维、活动探究都脱离阅读鉴赏，那么语文专题教学实施则成为抽了底的专题教学，所以语文专题教学应注重把阅读鉴赏融入实际情境下的问题解决、体验与思维及活动探究中。

再如苏教版高中语文必修二的"和平的祈祷"专题，这个专题以"主题"编排，集"研习·探讨·活动"于一体，主要由"遭遇战争"的两篇小说《一个人的遭遇》（节选）和《流浪人，你若到斯巴……》、"黑暗中的心迹"的《安妮日记》（节选）、"历史画外音"的《图片两组》构成。为了"主题"，该专题打破了文体的界限，同时加入了带有图片的非连续性文本。教学实施按照"文本研习""问题探讨""活动体验""积累与应用"进行。和"叶"专题稍有不同的是，该专题根据不同的阅读材料进行不同的教学实施，例如"文本研习"针对两篇小说，"问题探讨"针对日记，"活动体验"针对图片，所以，有点单元模式，但更好地贴合了文本。同时为了体现综合性，"积累与应用"针对所有篇目。"文本研习"主要研习文体知识——小说的主题、人物形象、悬念，如"研读作品，说说作者试图告诉读者的是什么，它们各自是从什么角度表现主题的？""根据他的叙述，你能概括出他的性格特点吗？""悬念的设置在这篇小说中有什么作用？"；"问题探讨"主要探讨特殊历史情境下具有辩证意义的人生道理，如"为什么在备受迫害的情况下，她仍然能说'我必须执著于我的理想'？""安妮认为'我不相信战争只是政客和资本家搞出来的，芸芸众生的罪过和他们一样大'，对此你如何理解？""这些普通人原来的生活是什么样的，他们的命运又是如何被改变的，作者试图告诉人们什么？"；"活动体验"主要是表达交流，如"和同学交流面对照片时的感受，针对这些照片发表你的评论""和同学交流你对这两组图片选材、画面构成的认识，归纳读图要领""从两组图片中选一幅，拟写解说词""如果安妮有安息之地，你将为她写一则什么样的墓志铭？"；"积累与应用"则是融合了前三个教学实施，如"诵读鉴赏""举办'渴望和平图片展'""小组分工合作，……查找资料,了解这些国家近几年的国民生产总值、人均收入、教育经费、社会福利和军费开支等方面的数据,写一则简明的报告"。此专题和"叶"专题的不同还在于有导读,和一般单元导读不同,专题导读更注重"学生视角"的"在你翻开这一页的时候",更注重语文知识"叙述视角"的"叙述就是选择:作者用'我'的眼睛……摄影者用他的镜头……"。所以,从这个例子可以得出,专题教学实施也是学生在学习情境下:

一是通过阅读鉴赏**研习**文体**知识**。

二是在阅读鉴赏的基础上**探究**辩证性**问题**。

三是在阅读鉴赏的基础上通过**活动体验**进行梳理探究、表达交流。

从两篇教材的专题教学实施,我们提炼了四个关键词:"学习情境""知识研习""问题探究""活动体验"。教材是最好的范例,专题教学的优秀课例也可供参考,试比较《雷雨》专题教学过程和《雷雨》(节选)单篇教学过程[①]:

《雷雨》专题教学过程

(一)课时安排及地点说明

某一周,每天两节,第一天和最后一天在阶梯教室,其他时间在电脑语音室。

(二)学习准备:话剧基础知识(资料略,有网址)

学习要求

学生阅读教师在网上上传的相关文章链接,**并做好阅读笔记,主要提取文章的重要信息**。教师在课堂上巡回检查,并做必要的点评。

(三)泛读概述:曹禺生平及评价、《雷雨》剧情及其他资料(略,有网址)

[①]《雷雨》专题教学过程和《雷雨》(节选)单篇教学过程均略有改动。

学习要求

学生阅读教师在网上上传的相关文章链接，**并做好阅读笔记，主要提取文章的重要信息**。教师在课堂上巡回检查，并做必要的点评。

（四）精读原作（有网址）

学习要求

学生阅读教师在网上上传的"原作"链接，并做好阅读笔记，阅读笔记的主要内容：一是记录自己阅读过程中的疑问，即**提出问题**（这是研究的起点）；二是记录自己阅读过程中最强烈的**感受或感悟**（最初的感悟或感受很重要，能体现作者研究的经历或过程）。

（五）阅读评价性文章（评价的文章有网址）

学习要求

要求学生学习专家学者的评价性文章：什么是作者的论题（注意："论题"与"论点"之不同）？什么是作者的结论？结论与论点之间的关系是什么？支持作者结论的论据（理由）有哪些？作者论据（如事实、数据等）的可信度有多大？作者的价值观（价值取向）与原作者所要表达的价值观（价值取向）有矛盾和冲突吗？什么样的结论才可能是合理的、可信的？作者按照怎样的思路来论证或者阐释自己的观点？等等。要求学生做好阅读笔记，如**记录专家学者评价性文章的思维结构图等**。

（六）研读挑战性文章

第一课段

辩论会——辩题：周朴园是否真爱鲁侍萍？（挑战性文章略）

第二课段

讨论课——论题：蘩漪的性格、《雷雨》的主题及形式等（挑战性文章略）。

（七）尾声

《永远的〈雷雨〉》 王蒙

在这一阶段的阅读中，我们无法呈现的是，难以预估学生可能会在课堂上表现出来的情况。因此，可以根据学生阅读状况的变化对阅读材料临时进行添加或者调整。总的原则就是：教师要根据阅读中学生思维表现的状态来决定教师的教学行为，如决定讲或不讲，材料是否需要添加或者调整等。

（八）定向—选题—写作阶段

本阶段学生要定向定题，进行研究性写作，上交习作，评价反思。

（广东深圳宝安区新安中学吴泓《雷雨》专题教学过程①）

《雷雨》（节选）单篇教学过程

（一）课前准备：资源搜集和整合

1. 布置要搜集的资料：(1) 戏剧常识（定义、分类、鉴赏剧本的基本要素等）。(2) 曹禺简介，《雷雨》剧情简介及创作时代背景等。

2. 资源搜集：将全体学生分为四组，分别负责各项资料的搜集工作。

3. 课前布置观看《雷雨》全剧，并写《雷雨》剧情简介。

（二）按学习小组让学生对自己所搜集的资料进行筛选、整理，然后选派代表展示成果

（教师做简要小结，并补充《雷雨》人物关系图，使学生更清晰地把握《雷雨》复杂的人物关系，并放映《雷雨》结尾片段。）

（三）学生自读课文，大致了解课文内容

（四）学生按学习小组分角色朗读课文片段

（五）学生自组剧组表演课本剧，并说出自己的表演体会

（六）探讨《雷雨》的人物

探究一：周朴园对侍萍的感情是真实的，还是虚伪的？

探究二：侍萍对周朴园是否有幻想？面对周朴园，她有怎样的情感冲突？

（七）课后拓展

1. 在《雷雨》序中，曹禺写道："我用一种悲悯的心情来写剧中

---

① 吴泓工作室."走进《雷雨》"专题学习课程指南[EB/OL]．(2014-11-17)．http://blog.sina.com.cn/s/blog_4e6af0be0102v77t.html.

人物的争执。我诚恳地祈望着看戏的人们也以一种悲悯的眼光来俯视这群地上的人们。"如何理解曹禺这句话的深层内涵？

2. 蘩漪是具有独特性格魅力的妇女形象，……如何理解这个人物？

（广东深圳南头中学彭公瑾、曹瑛《雷雨》课文单篇教学过程①）

同一地区的教师分别设计了《雷雨》专题教学过程和《雷雨》（节选）单篇教学过程，其中专题教学最突出的特点是时间和地点都很明确，时间是两节连堂课，便于专题教学的深入研讨，地点在电脑室，便于资料的查找。虽然两者的教学过程在某些环节是相似的，如都有教学准备的"戏剧常识"和"知人论世"部分，但两者要求不同——专题教学有"并做好阅读笔记，主要提取文章的重要信息"的要求，即培养提取信息的能力；而单篇教学则没有对此做出要求。都有阅读原作环节，但处理方法不同，专题教学阅读原作时需要提出问题和阅读感受，即培养学生的问题意识和鉴赏能力；单篇教学只需要了解课文内容。都有"周朴园是否真爱鲁侍萍？""周朴园对侍萍的感情是真实的，还是虚伪的？"的探讨，但专题教学是教师提供评论性的文章，研讨的目的是从评论性的文章归纳出"专家学者评价性文章的思维结构图"，即按专家学者是如何支持自己的观点的方法探讨这个问题，从而培养学生的思辨能力；单篇教学是没有方法传递的，它是为了更好地理解人物。都有对主题人物蘩漪的探讨，但是专题教学放在课内，说明专题教学重视培养学生的探究能力，正如吴泓自己所说"（专题教学）研究的主阵地在课堂"；单篇教学则放在课后。当然，专题教学更不会做单篇教学的"教师做简要小结，并补充《雷雨》人物关系图"的教学行为。从中我们可以看出：专题教学的教学实施同样着力于"问题探讨"及"活动探究"，这和上文说到的四个关键词不谋而

---

① 彭公瑾、曹瑛、茹清平：《人的舞台　活的课堂——〈雷雨〉两人教》，《语文教学通讯》（高中刊），2006年第3期。

合，教学过程是学生学习的思维建构过程。

所以，不管是从教材的教学实施，还是实际的教学实施，专题教学的实施不外乎在学习情境下让学生阅读鉴赏、表达交流和梳理探究。如仅从这点看，这与教改后的单元单篇的教学实施没什么不同，更重要的不同在于四个关键词"学习情境""知识研习""活动体验""问题探究"上，专题教学实施更注重情境下的表达交流和梳理探究外显化，"活动体验""问题探究"多了，如设置活动交流课、论文习作课和问题处置课；"阅读鉴赏"内隐化，"阅读鉴赏"嵌入到"活动体验"和"问题探究"中，只有"阅读"内隐化了的"活动"和"问题"才能称其为语文学科的专题教学，否则本末倒置，失去语文的学科本质。

四、教学评价

专题教学的出发点是基于学生真实的问题情境，针对学生的身心发展过程中必然经历和面临的典型问题而设计的，是解决问题的模式，带有项目式学习的特点，强调学生的主动性，强调学生对知识的主动建构；同时不可否认的是，教学就要让学生有所获得，否则全是学生的自主解决问题并不一定是学习。因此，专题教学的评价，是关注学习过程和注重学习成果并重，既要有过程性评价，也要有结果性评价，这也是专题教学评价的总原则。专题教学的评价方案要素和操作特征提要如表3-1所示。

表3-1　专题教学的评价方案要素和操作特征提要表

评价方案要素		操作特征提要
评价标准	可行性	面向真实情境
	实用性	解决实际问题
	精确性	取证的技术手段
评价内容	目的发展性	面向个体与同伴的发展
	任务操作性	具体的任务情境
	成果观察性	任务成果的表现特征

续表

评价方案要素		操作特征提要
评价工具	多样性	根据具体任务，选择相应工具，量化指标与描述性结果并重
	适应性	根据任务情境，选择相应工具，结果性取证与过程性取证并重
评价主体	参与性	学生的自我价值判断
	体验性	学生的情感体验与感悟
	依据性	依靠标准完成任务

1. 评价标准。

评价是价值实现的重要途径。评价本身不能创造价值，但评价可以揭示价值的存在。[①]专题教学评价标准的可行性，要求评价在真实的情境中进行，不是无目标的、含糊的、宏观的。因此，它应当具有确定可操作的评价取向，具体、明确，便于操作，语言上要求对学业表现有明确的陈述规定，尽可能评价专题教学中涉及的所有任务。实用性是尽可能运用评价结果帮助学生更好地了解自己并主动学习，帮助教师更好地调整课堂教学。精确性是应当适当依赖必要的技术手段，尽可能通过科学的测验获取准确的信息，并由此得出学生学习结果与学习行为变化的价值判断。

2. 评价内容。

专题教学的评价内容是对学生在真实情境中解决实际问题能力的价值判断。它的目的发展性不仅体现在关注学生的个性化反应方式，同时还关注学生在评价中的合作表现；它的任务操作性体现在具有明确任务的前提下，应当特别关注任务的表现特征描述，使任务明确、具体，具有可操作性；它的成果观察性体现在对学习任务的成果描述上，应当从过程成果和结果成果两个方面加以阐述，同时，还要对个体的表现任务和合作的表现任务都做出具体、可观察的特征说明。专题教学的评价具

---

① 冯平：《评价论》，东方出版社，1995年版，第2页。

体内容会在评价工具中具体列出。

3. 评价工具。

专题教学的任务多样性决定评价工具也要有多样性，任务情境性决定了评价工具要有适应性。"知识研习"主要是培养学生的"阅读鉴赏"能力，要有阅读行为评价工具和等级标准；"活动体验"要有活动（含表达交流）评价工具和等级标准；"问题研讨"要有梳理探究的评价工具和等级标准。而研发这些测量工具和等级标准，一是要根据课程标准，二是可以参照一些现成的评价工具，如李煜晖《探索和发现的旅程——整本书阅读之专题教学》[1]和孙和平《建立新评价体系的思考和尝试》[2]中的评价工具，此处引用，稍作变动，希望能给一线教师些许启发，如表3-2所示。

表3-2　阅读发现质量评价工具表

水平划分	类型代码	期望标准
较低水平C	划分依据：没有研究价值或研究价值较低，包含以下一种或多种情况	
	C1 误读	文本理解有知识性错误或信息提取有误
	C2 臆断	依靠主观猜测得出观点，缺乏文本依据
	C3 偏离	深究文本的细枝末节，偏离鉴赏方向
	C4 替代	脱离背景和语境，凭个人经验得出结论
	C5 空泛	提出宏大、空洞的问题，不做具体解答
常规水平B	划分依据：有研究价值但无创意，包含以下一种或多种情况	
	B1 整体意识	基于文本整体层面的理解做出分析、判断或评价
	B2 语境意识	基于文本内部的言语情境做出分析、判断或评价
	B3 证据意识	基于文本内外的客观信息做出分析、判断或评价
	B4 概念意识	基于文学欣赏的概念原理做出分析、判断或评价

---

[1] 李煜晖：《探索和发现的旅程——整本书阅读之专题教学》，上海教育出版社，2019年版，第254—259、262—263页。
[2] 孙和平：《建立新评价体系的思考和尝试》，《中学语文教学》，2003年第6期。

续表

水平划分	类型代码	期望标准
较高水平A	划分依据：深刻、新颖，有较高研究价值，包含以下一种或多种情况	
	A1 语感敏锐，视角独特	小中见大，平中见奇，能得出创造性的观点
	A2 敢于质疑，理据充分	敢于质疑，善于说理，且所谈观点证据充分
	A3 由此及彼，关联比较	立足主题，勾连素材，准确揭示其内在联系
	A4 自我反思，自我发现	结合文本，反思经验，发现并指出自身问题

语文专题教学的阅读评价不同于一般的阅读评价，一般的阅读评价设置项是：是否能记住主要内容，能否简要地复述内容，是否有不明白的地方，是否有喜欢的语句并阐述理由。而语文专题阅读发现质量评价，重在质疑、深度理解，寻找证据及之间的联系，形成自我认识。表3-3所示为研究论文质量评价工具表。

表3-3 研究论文质量评价工具表

维度 等级	观点 （30分）	结构 （30分）	语言 （30分）	规范 （10分）
A	观点明确 深刻独到 论据充分 （26—30）	整体结构严谨顺畅 章节段落安排有序 句间关系清晰明确 （26—30）	用词精练准确 语言生动形象 感情充沛饱满 （26—30）	排版美观 校对准确 引用规范 （8—10）
B	观点明确 言之成理 论据准确 （21—25）	整体结构大致清晰 章节段落存在关联 句间关系基本清晰 （21—25）	用词基本准确 语言比较通顺 有一定感染力 （21—25）	排版清晰 基本校对 引用注明 （5—7）

续表

维度 等级	观点 （30分）	结构 （30分）	语言 （30分）	规范 （10分）
C	观点明确 基本合理 论据不足 （16—20）	缺乏整体结构意识 局部结构有合理处 句间关系基本清晰 （16—20）	用词基本准确 语言比较通顺 缺乏感情色彩 （16—20）	未加排版 基本校对 引用注明 （3—4）
D	观点不清 主观臆断 论据不当 （0—15）	整体结构没有设计 局部结构混乱不清 句间逻辑关系紊乱 （0—15）	用词不当 句子不通 生搬硬套 （0—15）	稿件无排版 字句无校对 引文无注释 （0—2）

语文专题教学的论文评价也不同于学术论文评价，学术论文在于创新性和规范性，观点创新或论证创新，同时特别强调学术规范，引用的观点和材料要标明出处，科学性大于情感性；而语文专题教学的论文评价在于观点明确，言之有理，即使前人已经有过或论证过，也可以被学生再次分析，专题教学论文评价的目的是让学生再经历一遍、模拟一次前人的研究过程，不在于创新，而在于经历研究的过程。同时，规范性的比例没有学术论文的大，可以有生动、情感色彩这些主观的学生体验。表3-4所示为活动体验评价工具表。

表3-4 活动体验评价工具表

序号	评价角度	评价的定性描述			
		A 10分	B 8—9分	C 6—7分	D 5分以下
1	活动成果的总体印象	非常符合活动主题和要求	符合	一般符合	不符合
2	活动成果的内容	内容新颖、充实	内容较新颖、略显不足	内容较陈旧，不够充实	内容陈旧，不充实
3	活动成果的形式	有很好创意、制作精美，符合文体（类型）的要求	符合形式要求，但创新不够，或制作有缺陷	形式较粗糙，没有创新	形式粗糙

续表

序号	评价角度	评价的定性描述			
		A 10分	B 8—9分	C 6—7分	D 5分以下
4	知识的运用	能很好地运用语文知识和其他学科知识，体现综合性和探究性	综合性或探究性不足，知识面较开阔	学科间知识不融合，运用不灵活	知识面窄
5	资料和信息的收集	利用多种媒体查找足够的信息，能很好地处理这些资料	信息资料占有较充足，合理利用不是很好	信息资料占有不够，运用不好	没有占有信息资料的意识
6	投入的时间和精力	活动过程精力集中，投入时间多，效益好	认真对待，投入时间精力多，但效果不很理想	时间精力投入不够且效果不理想	敷衍应付
7	展示现场的表现	仪态大方，表现自然，口齿清楚，语言流利	表现不够自然，有些紧张	展示不顺畅，表达有明显欠缺	因主观原因不能完成展示过程
8	在小组中所发挥的作用	有协作精神，发挥重要作用	有合作，发挥较大作用	看不出合作，发挥的作用不大	几乎没发挥作用
9	学生的发展	解决问题能力进步明显	有一定的进步	没有进步，停滞	不如以前
10	自我评价的评价	实事求是	较符合实际情况	某些方面有些夸大	自评与过程的表现和结果不符

　　专题教学的活动评价可以参照语文综合实践的评价，但又有不同。专题教学的活动评价更注重知识的运用、资料和信息的搜集及学生的发展，一般的语文综合实践活动更注重于活动中的现场表现。

4. 评价主体。

评价主体的参与性与体验性，强调专题教学评价要纳入学生自评、学生互评，增强学生的自我价值判断和情感体验感悟；评价主体的依据性，强调评价主体不能凭主观臆断，而是要根据评价要素（评价标准、内容和工具）进行评价。

评价工具使用者既可以是教师，也可以是学生，但同样的评价工具教师和学生使用的时机不同，学生在完成任务之前就要清楚评价工具的每一栏，评价工具指导着学生朝哪个方向和按照哪个标准完成任务，在完成以后再对照评价工具，评价自己是否达标及达标的等级。教师则是在学生完成任务以后，根据评价工具来评价学生和教学效果。所以，学生参与性和体验性的专题教学评价，是全过程评价，让学生参与的评价内容和工具直接作用于最后任务完成的效果。在这一过程中，学生不断发现自我、重塑自我，也不断发现他者，学习他者；教师也不断发现教学的不足，重塑课堂。

本节主要从教材的专题教学和优秀的专题教学案例讨论了四个问题：专题教学确定的维度、专题教学的本质、专题教学的实施和专题教学的评价。专题教学确定的维度依照文学四要素"主题""作家""作品""读者"；专题教学的本质是学生思维建构的学习，与其说"专题教学"，不如说"专题学习"；专题教学的实施以学生在"学习情境"中，设置"知识研习""活动体验""问题探究"，使表达交流、梳理探究外显化，阅读鉴赏内隐化；专题教学的评价是学生参与的全过程评价，要具有可行性、实用性和可操作性。

（北京教育学院　朱俊阳）

第二节　教学案例："鲁迅作品中的理想社会"

构建理想社会是全人类共同的追求。纵观我国历史，从"昔者仲尼与于蜡宾"后，他站在宗庙门外的楼台上，面对"礼崩乐坏"的现实，对身边的言偃阐述自己对"大同社会"的构想；到大泽乡农民起义中陈胜那"王侯将相宁有种乎？"的一声呐喊；从陶渊明对虚无缥缈的"桃花源"的描绘；到近代爱国志士救亡图存，锐意改革的上下求索；再到习近平总书记"人类命运共同体"概念的提出，我们不难看出，从古到今，无论是物资匮乏的旧社会，还是祖国日益强盛的新时代，在建设理想社会的征途上，从来不乏仁人志士，他们或绘制蓝图，或上下求索，或奔走呼号，或投身建设，为其贡献着毕生的力量。从某种意义上说，正是对理想社会的热切向往，推动着时代的进步、社会的变革。试想，如果人们没有对现实世界的不满，对理想社会的极度渴盼，哪里会有改变现实的冲动。如果没有这种冲动，或许如今的我们还在山洞中躲避野兽的攻击，抑或在莽莽榛榛的丛林中攻击野兽。正是人们对心中理想社会的那一点点渴望，才使我们的理想与现实得以无限靠近。

再看西方，也是如此，从柏拉图以苏格拉底到贝尔斯祷神，归途被派拉麦克邀往家中，宾主滔滔谈论为内容编织的《理想国》；到欧文、圣西门和傅立叶等的空想社会主义，再到马克思、恩格斯的人类社会最高阶段——共产主义社会理论的形成，哪一个不是他们对理想社会的描画呢？是的，不分老幼、不分性别、不分肤色、不分种族构建理想社会是全人类共同的追求。

生活在清末民初那样一个军阀混战、列强鲸吞时代，鲁迅先生对理想社会的渴盼变得尤为强烈，这一点在他的诸多作品中均有体现。也只有把鲁迅先生的作品放在更大的构建理想社会的框架中去解读，我们才能理解他犀利、冷峻的语言，才能懂得他毅然决然的人生选择，才能明白他深入灵魂的针砭与批判，也才能找到他精神生长的血脉。也只有如此，我们才能深刻地理解他的作品、领悟他的精神，进而批判地继承他的思想。

基于以上理解与思考，笔者设计了以鲁迅的作品为内容，以"鲁迅作品中的理想社会"为主题的专题教学，本专题教学共需10课时。

一、教学目标

正如法国著名思想家伏尔泰认为的，雪崩的时候，没有一片雪花是无辜的，每一个人与社会都有着密不可分的关系。构建理想社会关乎着每一个人的命运，而每一个人也肩负着构建理想社会的巨大责任，每一个人，尤其是社会建设的接班人——更应担负起建立理想社会的重任。"士不可以不弘毅，任重而道远。"每一个以构建理想社会为己任的生命个体，他所获得的绝不只是个人的幸福、自我价值的实现；更重要的是推动了历史车轮滚滚向前。每个人如果将自己的生命融入人类生命的大机体之中，即使不能彪炳史册，那也一定会生生不息。为了培养学生建设理想社会的责任担当，我们需要从鲁迅的作品及其人生经历中汲取营养。本专题将带领学生深入阅读鲁迅的作品，系统地梳理、了解鲁迅的人生经历，理性地认识个人与社会的关系，培育正确的人生观、价值观。

1. 阅读欣赏所选用的鲁迅作品，彻底、清晰、明确地领悟鲁迅作品的内涵并切实感受鲁迅语言的魅力。

2. 阅读学习资源和所选用的鲁迅作品，了解鲁迅先生主要的人生经历，结合时代背景理解他的人生选择和精神追求。

3. 批判地看待鲁迅对改造国民性所进行的人性和文化的深层探究，培育正确的价值观。

4. 探究理解时代发展与个人成长休戚与共的关系，激发学生向往和追求理想社会的热情。

二、教学资源

(一) 阅读鉴赏类资源

这部分资源包括一部散文集《朝花夕拾》，三篇小说《社戏》《故乡》《孔乙己》，一篇序言《〈呐喊〉自序》，两首小诗《题〈彷徨〉》《自嘲》及一些社会背景资料和对鲁迅先生进行评价的资料。其中，《朝花夕拾》中的《从百草园到三味书屋》、《社戏》的后半部分和《故乡》的前半部分，为我们展示了鲁迅童年生活的一幅幅画卷，从中我们能感受到鲁迅对自由、和谐、平等的世界的向往，感受到鲁迅童年世界的美好。紧接着再阅读《狗·猫·鼠》《〈二十四孝图〉》《五猖会》《无常》《父亲的病》《琐记》，小说《故乡》（后半部分）、《社戏》（前半部分），感受鲁迅从少年到成年后，面对并不如意的现实世界时，内心不断涌动着改造世界的波澜。这些文章的阅读有助于帮助学生想象鲁迅心中理想社会的样貌，为进一步理解鲁迅为追求心中的理想社会所做出的人生选择做足准备。

鲁迅"东渡求医""预备卒业回来，救治象我父亲似的被误的病人的疾苦，战争时候便去当军医，一面又促进了国人对于维新的信仰"，这便是他迈出的改造世界的实质性的第一步。阅读《〈呐喊〉自序》，圈画文中阐明其"东渡求医"之因的文字，可以帮助学生认识到，童年时期对美好世界的感受和印象，催生了青年时期他外在的行动，当他有了改变自我生存现状的渴求时，他便积极地行动起来了。

正如"荒芜之地的植物对营养更为敏感"，当鲁迅的理想根植于国家落后、民族危亡的这块土壤时，他对理想世界的追求变得更加迫切。学生可以借助资料，将鲁迅"东渡求医"时中国社会发展状况与世界其他国家的发展状况进行对比，深刻地了解当时中国积贫积弱的状态。再将《藤野先生》一文中藤野先生、日本民众和日本所谓的"爱国青年"

对鲁迅的态度，放在一面是积贫积弱、备受欺凌的清朝，一面是迅速发展、不断扩张的世界其他国家——这一大的时代背景下去比较时，便可以帮助学生理解个人与社会之间休戚与共的关系了。理解了这一点，也就懂得了鲁迅"弃医从文"这一人生选择之于个人、之于国家的重要意义。

阅读《狗·猫·鼠》《〈二十四孝图〉》《藤野先生》《〈呐喊〉自序》《故乡》《孔乙己》，明晰鲁迅在这些文章中对国民劣根性的批判，探究他眼中理想的国民的特征。从而了解鲁迅在他所认为的唤醒国民的精神"改变他们的精神，而善于改变精神的"文艺运动上所做的努力，理解鲁迅先生为构建理想社会所做出的努力的意义。

通过对《题〈彷徨〉》、《自嘲》和一些社会背景资料，以及有关鲁迅的评价资料的阅读，帮助学生更好地看待鲁迅以笔为刀，以抨击国家的黑暗和弊端，以揭露国民的弱点为突破口，以唤醒国民为己任；凭借一己之力改造旧社会，创造新世界的努力。帮助学生在理解鲁迅所做努力的基础上，批判地继承鲁迅的理想；从而促进正确的人生观的形成，激发为构建理想而奋斗的豪情。

《朝花夕拾》原名《旧事重提》，是现代文学家鲁迅的散文集，收录了鲁迅于1926年创作的10篇回忆性散文：《狗·猫·鼠》《阿长与〈山海经〉》《〈二十四孝图〉》《五猖会》《无常》《从百草园到三味书屋》《父亲的病》《琐记》《藤野先生》《范爱农》。

此文集作为"回忆的记事"，多侧面地反映了作者鲁迅青少年时期的生活，形象地反映了他的性格和志趣的形成经过。前七篇描述了他童年时代在绍兴的家庭和私塾中的生活情景，后三篇叙述他从家乡到南京，又到日本留学，然后回国教书的经历；揭露了半封建半殖民地社会种种丑恶的不合理现象，同时反映了有抱负的青年知识分子在旧中国茫茫黑夜中，不畏艰险，寻找光明的困难历程，以及抒发了作者对往日亲友、师长的怀念之情。

《呐喊》是现代文学家鲁迅的短篇小说集，收录了鲁迅于1918年至1922年所作的14篇短篇小说：《狂人日记》《孔乙己》《药》《明天》《一件小事》《头发的故事》《故乡》《风波》《阿Q正传》《端午节》《白光》《兔和猫》《鸭的喜剧》《社戏》，1923年由北京新潮社出版，现编入《鲁迅全集》第一卷。

　　小说集真实地描绘了从辛亥革命到五四运动时期的社会生活，从革命民主主义出发，抱着启蒙主义目的和人道主义精神，揭示了种种深层次的社会矛盾，对旧时中国的制度及部分陈腐的传统观念进行了深刻的剖析和比较彻底的否定，表现出对民族生存浓重的忧患意识和对社会变革的强烈希望。

　　本次选用了人民文学出版社2005年版中的《社戏》《故乡》《孔乙己》《〈呐喊〉自序》。

（二）知识工具类资源

　　本部分资源包含《鲁迅自传》，"清末近代史与世界近代史简述"，《理想的光芒——学习鲁迅小说随想》[1]，《活在当下中国的鲁迅》[2]，以及时人、后世对鲁迅的一些评价等。学生通过阅读《鲁迅自传》了解鲁迅的生平经历后，可以更好地了解鲁迅先生一生的辛苦辗转。对比清末和当时世界其他主要国家的发展概况，可以真实地了解鲁迅"东渡学医"前后的社会状态：清政府备受列强欺凌，不断割地赔款；国家危在旦夕，民族处在危亡边缘。进而结合《藤野先生》《〈呐喊〉自序》等作品的阅读理解鲁迅做出"弃医从文"这一重大人生抉择的原因及其在当时那种社会状态下的意义。

　　阅读《理想的光芒——学习鲁迅小说随想》和《活在当下中国的鲁迅》，以及时人、后世对鲁迅的一些评价，深入了解鲁迅"弃医从文"

---

[1] 于泉源：《理想的光芒——学习鲁迅小说随想》，《浙江学刊》，1981年第4期。
[2] 钱理群：《活在当下中国的鲁迅》，载于《静悄悄的存在变革》，华文出版社，2014年版，第175—192页。

后以笔为枪，为改造旧世界、创造新世界所做出的全部努力的意义与价值。他揭露国民劣根性，抨击腐朽落后的社会制度，讽刺为军阀政客张目的反动文人，反映有抱负的青年知识分子在旧中国茫茫黑夜中，不畏艰险，寻找光明的困难历程。同时，在阅读梳理这些资料的过程中，完成对时代发展与个人成长休戚与共关系的探究与理解，懂得为构建理想社会而努力是一个人的责任，彰显一个人的担当；同时也应是一个人一生的必然选择。

了解时人和后世学者对鲁迅的褒贬毁誉，有利于学生辩证地看待鲁迅对改造国民性所进行的人性和文化层面的深层探究，有助于现阶段批判地继承鲁迅的思想。

只有了解一个人所处的时代背景，才能理解一个人的行为和思想。鲁迅生活的时期正是中国近代史上最黑暗的时期，从1840年的鸦片战争开始，丧权辱国的第一个不平等条约《南京条约》签订后，中国开始走上了不断向外国割地、赔款、商定关税之路。据不完全统计，"随后的一百余年里，中国和外国签订的不平等条约多达一千多个"①。从1640年到1840年，在这200年中，西方已经进入了生产力快速发展的时期，"与之相比，同一时间里的中国却景物依旧：成千上万胼手胝足、辗转沟壑的小农背负着一代一代讴歌唐虞盛世，高谈名物考据或性心理义的士人"②。18世纪后期，美国的独立战争、法国的大革命及英国的工业革命，深刻地改变了人类文明的进程。人类社会的现代化，已成为不可阻挡的历史潮流……在全球范围内，争夺利益和霸权的西方殖民主义势力已经扩张到东方，沉浸在康乾盛世中的人们，全然不知这盛世亦正面临着一场厄运，中国数千年未遇之大变局即将到来，中华民族百余年艰苦卓绝的伟大复兴历史，由此拉开了大幕。③这样残破的时代带给人心灵和思想的重创是极其深痛的，有

---

① 陈旭麓：《近代中国社会的新陈代谢》，生活·读书·新知三联书店，2017年版，第55页。
② 同①，第2页。
③ 参考《复兴之路（第一集：千年局变·序言）》，中央电视台，2007年。略有改动。

的人在深痛中沉默了，有的人在深痛中爆发了，鲁迅先生当属后者。

（三）生活情境类资源

北京鲁迅博物馆位于北京市西城区阜成门内大街宫门口二条19号。馆区内有鲁迅旧居及鲁迅陈列展览。北京鲁迅博物馆是为了纪念和学习中华民族的思想文化巨人鲁迅先生而建立的社会科学类人物博物馆，1956年10月19日正式开馆，主要担负着鲁迅研究，鲁迅遗著、遗物的征集与保管，鲁迅文化的宣传与展示等任务。馆藏文物3万余件，其中包括鲁迅手稿、藏书、拓片等珍贵文物。

北京鲁迅博物馆内的阜成门内西三条鲁迅旧居是1924年鲁迅亲自设计和改建的。鲁迅旧居为三开间小四合院，是1924年5月至1926年8月鲁迅先生在北京的居所，房间内的陈设均维持原样。旧居中展示的日常用品，都是鲁迅及其家人使用过的原物。鲁迅在北京生活、工作的14年间，曾居住过4处地方。北京鲁迅博物馆是北京保存最完好、唯一对外开放的鲁迅旧居。

馆藏珍品有鲁迅的二十一岁断发照和《自题小像》诗，它是鲁迅精神的最好写照。鲁迅一生曾录写此诗7次，陈列厅中展出的是20世纪80年代征集到的鲁迅晚年赠送日本友人的《自题小像》手迹。馆藏珍品还有鲁迅仙台医专医学笔记：当年鲁迅回绍兴迁居时，将一部分不准备带走的书籍和手稿寄存在朋友家里，医学笔记被误放在其中。中华人民共和国成立后，绍兴鲁迅纪念馆征集文物时，发现了这些笔记，并送交许广平，许广平把这些笔记捐献给了北京鲁迅博物馆。[1]

阅读鲁迅作品的同时，学生走进"北京鲁迅博物馆"，进行实地参观，可以借助馆藏文物，全面了解鲁迅充满坎坷的人生，弥补仅阅读文字作品的不足。同时，通过观看新文化运动时期历史人物的遗存，可以真切地、近距离地感受近代历史上志士仁人为创造理想社会所做出的努力；去感受和理解鲁迅作为他们中的一分子，用尽一生在黑暗中摸索前

---

[1] 北京市文物局首都博物馆联盟编：《走进博物馆　北京地区博物馆大全》，北京出版社，2013年版，第8页。

行,为探求救国救民之方、创造理想社会所做的上下求索。

三、教学过程

(一)观精神乐土——从"童年生活"看鲁迅的精神乐土(5课时)

鲁迅的童年生活,可谓苦乐参半,而正是这样的童年生活给予了他改造旧社会、创造新世界的原动力。"观精神乐土"这一环节主要由两部分组成:一是从"童年乐事"探看鲁迅的理想世界;二是从"悲惨现实"反观鲁迅的理想世界。主要阅读材料有散文《从百草园到三味书屋》《阿长与〈山海经〉》,小说《社戏》(后半部分)、《故乡》(前半部分)。它的教学实施由几个阅读鉴赏任务组成,主要是了解鲁迅童年生活中的乐事。

本部分重在从"童年乐事"探看鲁迅的理想世界,进而了解鲁迅的童年生活中"乐"的一面,了解鲁迅理想的社会环境。本环节第二部分重在从"悲惨现实"反观鲁迅的理想世界。主要阅读材料有散文《狗·猫·鼠》《〈二十四孝图〉》《五猖会》《无常》《父亲的病》《琐记》,小说《故乡》(后半部分)、《社戏》(前半部分)、《孔乙己》、《狂人日记》。

最后,综合两部分的学习,从生活环境和人际关系两个角度,描述鲁迅心中的理想社会。表3-5所示为"观精神乐土"问题及评价建议表。

表3-5 "观精神乐土"问题及评价建议表

分类	序号	问题	评价建议
从"童年乐事"探看鲁迅的理想世界	1	阅读《从百草园到三味书屋》、《社戏》(后半部分),细数鲁迅的"童年乐事",并说说这些乐事给他带来了哪些快乐。	能用简洁的语言概括鲁迅的"童年乐事",分条列出理由,能说出这些乐事带给鲁迅的快乐,感受他童年生活的自由美好。
	2	承载着鲁迅"童年乐事"的"小鲁迅"心中的"乐园""乐土"是怎样一番天地呢?	能结合前两个问题和作品相关内容用语言描述"小鲁迅"心中的"乐园""乐土"。

续表

分类	序号	问题	评价建议
从"童年乐事"探看鲁迅的理想世界	3	鲁迅笔下的长妈妈、六一公公这些长辈,平桥村的双喜、阿发、桂生等小伙伴,以及故乡的少年闰土给作者留下了怎样的印象?	能结合文章内容分析鲁迅笔下长妈妈、六一公公、双喜、阿发、桂生等人物形象,感受人物的质朴和人与人之间关系的和谐美好。
	4	在阅读《朝花夕拾》中的作品和《社戏》(后半部分)、《故乡》(前半部分)时,我们能深切地感受到文字中满溢着的童真童趣,文中活泼可爱、喜欢玩耍的"小鲁迅"宛在眼前;透过文中"小鲁迅"的生活经历和承载他"童年乐事"的"乐园""乐土",说说你感受到了文字背后提笔创作的"大鲁迅"怎样的情感。	在完成前三个问题的基础上,能分析《从百草园到三味书屋》、《社戏》(后半部分)这两篇文章的文字背后蕴含的作者情感,能感受作者对自由、平等、和谐、美好的理想世界的向往。
从"悲惨现实"反观鲁迅的理想世界	5	阅读散文《狗·猫·鼠》《〈二十四孝图〉》《五猖会》《无常》《父亲的病》《琐记》《范爱农》,小说《故乡》(后半部分)、《社戏》(前半部分)、《孔乙己》《狂人日记》,将鲁迅笔下涉及的人物进行分类,并说说分类的理由,围绕关键词,对每一类人的特点进行具体的阐述。	能将所给出的作品中的人物以自认为合理的标准分类且能说出理由,并能围绕关键词,对每一类人的特点进行具体的阐述。
	6	联系第三题、第五题,说说鲁迅对笔下的每一类人报以怎样的态度。	能结合每一类人物的特点及其相关内容,分析出鲁迅对他们的态度。

续表

分类	序号	问题	评价建议
从"悲惨现实"反观鲁迅的理想世界	7	说说他所期望的人与人之间的关系是怎样的?	通过理想与现实的对照,具体阐释鲁迅所期望的人与人之间的关系,进一步理解鲁迅对理想世界的向往。

(二)探人生求索——从"弃医从文"看鲁迅的精神追求(2课时)

鲁迅的人生发展,并未按其预先设计好的去发展,在《藤野先生》《鲁迅自传》等诸多作品中,鲁迅也非常明确地提到自己"弃医从文"的原因。我们是否可以就此理解为,很多人会倾向于外力因素的刺激引发了他人生道路选择的突变?可当我们把鲁迅先生不同时期的主要作品放在一起,按其内容所对应的时段做一定的梳理时,我们不难发现,对自由、平等、和谐、美好世界的向往是鲁迅先生从童年就有的情怀,他很享受童年的"乐事""乐园""乐土"。正如弗洛伊德认为的,一个人的童年将影响到他的一生,人的一生总是在弥补童年的缺失,鲁迅先生苦乐参半的童年成为他生命历程中难以抹去的记忆,童年之"乐"成了理想世界的主旋律,童年之"苦"成了他成年改造旧社会、创建理想社会的强大动力,就此看来,苦乐参半的童年才是他人生道路选择突变的根本原因。

"探人生求索"部分将通过表中的七个问题,深入探究鲁迅先生的人生选择、人生追求对当时社会发展的影响,进而理解鲁迅先生"弃医从文"这一人生选择对推动社会变革和发展的重要意义,理解个人命运与社会发展休戚与共的关系,懂得"天下兴亡,匹夫有责"的道理。最终,引导学生形成自己对理想社会的描绘,以便在成年后投入建设祖国的行动时,发挥童年和青少年时期该有的作用,见表3-6。

表3-6 "探人生求索"问题及评价建议表

序号	问题	评价建议
1	结合《琐记》《〈呐喊〉自序》《鲁迅自传》《藤野先生》的内容,请你在地图中标画出鲁迅的人生轨迹,并标注他重要人生阶段和该阶段所对应的重大事件。	能结合阅读资料在教师所给的地图上标画出鲁迅先生一生主要的活动轨迹,能标注出他重要的人生阶段和各阶段所对应的重大事件。
2	他不同的人生阶段中的保姆、恩师、朋友、父亲、邻居、私塾老师等,这些人物对他的成长或多或少都产生过影响。纵观鲁迅的人生历程,你认为鲁迅的童年"朋友圈"对他的成长利大还是弊大?	本问题重在引导学生思考鲁迅的"朋友圈"对他成长的影响,学生能就鲁迅童年"朋友圈"对他的影响做出利弊的判断,能自圆其说即可。但利弊均有是最为全面的理解和思考。
3	阅读《父亲的病》《琐记》《藤野先生》《〈呐喊〉自序》,说说构建理想社会的追求如何改变了鲁迅的人生之路。	阅读四篇文章,找到鲁迅先生人生节点上的重要事件,能分析这些事件对他每一次人生选择的影响。
4	网上查阅资料,了解鲁迅"东渡求医"时我国在世界中的位置,说说鲁迅"弃医从文"的人生选择具有怎样的意义。	在前面人生节点梳理的基础上重点关注"东渡求医"这一节点中"弃医从文"的人生选择,搜集相关资料,阐述他这一人生选择的意义。
5	阅读《狗·猫·鼠》《〈二十四孝图〉》《五猖会》《无常》《父亲的病》《故乡》《孔乙己》《〈呐喊〉自序》《题〈彷徨〉》《自嘲》等作品及世人对鲁迅的评价资料,谈谈鲁迅在推动"理想社会"的构建上做出了怎样的贡献。	能结合鲁迅作品及世人对他的评价,分条说出鲁迅先生在推动"理想社会"的构建上所做出的贡献。

续表

序号	问题	评价建议
6	"地球村""人类命运共同体"等概念表明世界各国和地区早已成为不可分割的一体，每一个国家和地区都在积极探索人类起源，积极关注人类未来，努力审视地球自身在宇宙中的位置和价值，全人类都渴望拥有一个持久和平、共同繁荣的和谐世界。在我们每个人心目中也都有一个理想社会。请你查阅资料了解"古往今来，世界各国人民对理想社会的构想"，选取其中有代表性的构想，以时间为序进行梳理。	能结合当前"地球村"的现状，从"人类命运共同体"的前提出发看待人类创建理想社会的这一共同追求。 能借助网络或其他方式，搜集、筛选、整理古往今来，世界各国人民对理想社会的构想，能选取其中有代表性的构想，以时间为序进行梳理。理解人类创建理想社会的共同追求。
7	在人类构建理想社会的大背景下，谈谈"中国梦"与"古往今来，我国人民对理想社会的构想"之间的联系，并书写出自己心中的理想社会。	能辩证看待和思考以往人们对理想世界的构想，能书写出自己心中的理想社会。

（三）构建理想社会——从"命运共同体"看鲁迅的当代价值（3课时）

本部分设计了"同一个世界，同一个梦想"这一大的活动，这个大活动由五个小活动组成。

活动一：要求学生截取鲁迅一生中的关键时刻，并阐释选择的理由。这是对鲁迅人生重要阶段最好的回顾。这样有助于学生感受鲁迅为创建"理想社会"所走过的波澜壮阔的一生，懂得人生的价值和意义在于对社会的贡献。

活动二：仿照之前大热的大型古装剧《庆余年》中鉴查院门前的碑文，以第一人称的口吻，为鲁迅构建理想社会的精神追求写一段碑文，作为他的独白。这一任务，旨在帮助学生提炼鲁迅追求"理想社会"精神的内涵，为在活动五畅谈自己的责任与担当做足准备。

活动三：通过宣传海报的形式，再次凝练鲁迅"理想社会"的核心思想，以更直观的形式让人们了解鲁迅为构建"理想社会"所做的贡献，向人们传递"理想社会"的内涵，激发人们向往美好的内心情感。

活动四：要求学生以小组为单位，梳理我国历史上为构建理想社会做出努力的探索者和革命者，并选取其中有代表性的人物，为这些人写一组推荐语。此活动在于引导学生，认识构建理想社会是几千年来我国人民的共同追求，并且让学生了解我们的前人已经做出了诸多的努力和探索，我们要在前人的基础上做出进一步的探索。

活动五：引导学生，明确中学生在构建"理想社会"的道路上所肩负的责任，培养勇于担当的意识。

总之，"构建理想社会"这一环节的任务设计目的在于引导学生从鲁迅先生那里汲取精神营养，激励他们以构建理想社会为己任，勇于担当，乐于奋斗，为创造更美好的世界而立长志、蓄长力。

表3-7 "构建理想社会"问题及评价建议表

序号	问题	评价建议
1	联合国"同一个世界，同一个梦想"摄制组，准备以"理想世界"为主题，制作一期节目，其中需要有一组鲁迅先生的镜头，请你推荐一些镜头，你会选择哪些重要镜头呢？请阐释你这样选择的理由。	能够截取鲁迅先生一生中为理想社会做出重大努力的片段，能对所截取的片段进行简单的描述，并能够说出截取这些片段的原因。

续表

序号	问题	评价建议
2	其中一个镜头安排的是以人物独白的形式述说人物的理想社会，请你仿照之前大热的大型古装剧《庆余年》中鉴查院门前的碑文，以第一人称的口吻，描述鲁迅心中的理想社会，作为他的独白。	《庆余年》中鉴查院门前碑文：我希望庆国之法，为生民而立，不因高贵容忍，不因贫穷剥夺，无不白之冤，无强加之罪，遵法如仗剑，破魍魎迷祟，不求神明。我希望庆国之民，有真理可循，知礼仪，守仁心，不以钱财论成败，不因权势而屈从，同情弱小，痛恨不平，危难时坚心志，无人处常自省。我希望这世间再无压迫束缚，凡生于世都能有活着的权利，有自由的权利，亦有幸福的权利。愿终有一日，人人生而平等，再无贵贱之分。守护生命，追求光明，此为我心所愿。虽万千曲折，不畏前行。生而平等，人人如龙。 能仿照示例抓住鲁迅构建理想社会的精神核心，以第一人称，撰写一段碑文。
3	北京鲁迅纪念馆得知此事，准备也就鲁迅为构建"理想社会"所做贡献，为纪念鲁迅诞辰140周年的布展进行宣传。现向大家征集宣传海报，请你为此次活动设计一幅海报，并配以文字说明。	能围绕鲁迅为构建"理想社会"所做的贡献制作海报，突出鲁迅对此所做的贡献。
4	构建理想社会，不仅鲁迅在努力探索，在中国历史发展的长河中，还有很多像鲁迅一样为了人类更美好的未来，不断努力的探索者和革命者，摄制组也想将他们一并收录进来，作为"理想世界·中国篇"的组成部分。请你与小组其他同学合作，选取其中有代表性的人物，为这些人写一组推荐语，完成此次推荐任务。	能选取中国历史上为创造理想社会做出巨大贡献的探索者和革命者，选取其中具有代表性的人物，为这些人写一组推荐语。推荐语需要包括：人物简介，人物为创造理想社会做出的贡献，这些贡献对创造理想社会产生的影响。

续表

序号	问题	评价建议
5	最后,摄制组想在片尾"创造理想社会 我们共同的责任"部分收录人们对此的感悟,请你以中学生的身份谈谈感悟。	能以中学生的视角谈对"创造理想社会 我们共同的责任"的自我感悟。

本专题学习力求从构建"理想社会"这个主题出发,以一个新的视角去学习入选初中阶段的鲁迅先生的经典作品。帮助学生更好地了解、欣赏鲁迅先生作品的同时引导他们"彻底、清晰、明确地领悟"作品的内涵,探寻鲁迅作品在当下的意义和价值,更重要的是培育学生正确的人生观、价值观和世界观。早在2012年11月中共十八大,习近平总书记就提出要倡导"人类命运共同体"意识。人类只有一个地球,各国共处一个世界,要倡导"人类命运共同体"意识。而构建"理想社会"是全人类几千年来矢志不渝的共同追求,如果每一个人都树立起"人类命运共同体"意识,都担负起构建"理想社会"的责任,那么创造出"理想世界"的未来定然可期。

四、教学成果

以下是部分教学成果,均来自北京市日坛中学实验学校初二(2)班学生。

(一)观精神乐土——从"童年生活"看鲁迅的精神乐土

在阅读《朝花夕拾》中的作品和《社戏》(后半部分)、《故乡》(前半部分)时,我们能深切地感受到文字中满溢着的童真童趣,文中活泼可爱、喜欢玩耍的"小鲁迅"宛在眼前;透过文中"小鲁迅"的生活经历和承载他"童年乐事"的"乐园""乐土",说说你感受到文字背后提笔创作的"大鲁迅"怎样的情感。

阅读鲁迅先生的散文集《朝花夕拾》和《社戏》(后半部分)、《故乡》(前半部分),我可以感受到活泼可爱、喜欢玩耍的"小鲁迅"宛在眼前,同时还可以从字里行间感受到提笔写作的"大鲁迅"对童年的温情回忆与眷恋,对现实的不满与批判。

书中写到了"小鲁迅"看闰土父亲抓鸟,听长妈妈讲美女蛇的故事,与小伙伴坐船去看社戏等,表达了作者对自然的热爱、自由的向往和对儿时美好生活的眷恋。同时,作者也批判了封建教育,在《五猖会》这一章节中,原本要去看会的快乐自由的"小鲁迅"却被父亲留下背书,内心的喜悦一扫而光。而在《〈二十四孝图〉》中,对郭巨埋儿的故事极度反感的态度,表达了对束缚儿童健康成长的封建思想文化的批判。

这些内容,一方面表达了作者对童年时代美好生活的眷恋,对自然的热爱,对向往自由的儿童天性的肯定;另一方面也表达了对人们的思想依然受封建思想文化禁锢的事实的抨击。两种看似矛盾的情感在作者的文字中紧紧交织。

[北京市日坛中学实验学校2018级初二(2)班　楚宇涵]

阅读散文《狗·猫·鼠》《〈二十四孝图〉》《五猖会》《无常》《父亲的病》《琐记》《范爱农》,小说《故乡》(后半部分)、《社戏》(前半部分)、《孔乙己》、《狂人日记》,将鲁迅笔下涉及的人物进行分类,并说说分类的理由,围绕关键词,对每一类人的特点进行具体的阐述。

《狗·猫·鼠》主要涉及狗、猫、鼠三类人物形象:狗——不愿与"猫"作对者或与"猫"是一丘之貉者;猫——欺下媚上、奴性十足的人;鼠——遭受压迫的位于社会最底层的弱者形象,劳苦大众。《〈二十四孝图〉》主要涉及老莱、郭巨,讲述他们的愚孝。《五猖会》主要涉及"父亲"这种典型的封建家长。《无常》主要涉及无常这一人物,讲述他的公正、爽直、善良。《父亲的病》主要涉及两位庸医与衍太太,讲述了他们弄虚作假、草菅人命、迷信的恶行。《琐记》主要涉及衍太太，讲述她的自私自利、奸诈、坏心眼。《范爱农》中，在留日学生的反清运动和辛亥革命后绍兴社会动荡的背景下生活着的范爱农，是一个热爱祖国，倔强耿直，不随波逐流，不趋炎附势，不满黑暗社会，追求革命而又备受迫害的知识分子。《故乡》主要涉及中年闰土，讲述他的沧桑变化，已从月下的机灵淳朴的少年变为了一个深沉麻木、寡言少语、重视尊卑的人。《孔乙己》中的孔乙己是一个精神上迂腐不堪、麻木不仁，生活上四体不勤、穷困潦倒，在人们的嘲笑戏谑中混度时日，最终在人们麻木的笑声中消失的人物形象。《狂人日记》中的狂人言行怪异，是一个患有迫害恐惧症的人，他的怪异行为使他在生活环境中处处受到排挤、敌视。

我将他们分为四类，狗、猫、两位中医、衍太太为一类，他们麻木无情、欺负弱者，是社会的毒瘤；鼠与中年闰土为一类，他们饱受时事的压迫，深受封建礼教与等级传统观念的毒害，生活在底层社会，是劳苦大众的代表，无奈而悲凉；老莱、郭巨、"父亲"为一类，他们饱受封建陋习与礼教思想的束缚，难以挣脱；狂人、范爱农为一类，狂人虽行为怪异，不被世人理解，可他正是几千年中国封建社会"吃人"的社会本质的揭露者，也是整个五四时代先驱思想的象征者。文中绝望中的狂人发出"没有吃过人的孩子，或者还有？救救孩子……"的呼喊，正是五四时代思想觉醒的先驱者的呐喊。范爱农有独立的思想，不随波逐流，敢于表达对现实的不满，乐于追求革命。他们同属于思想觉醒的先驱者。

[北京市日坛中学实验学校2018级初二（2）班　佟浩明]

（二）探人生求索——从"弃医从文"看鲁迅的精神追求

阅读《狗·猫·鼠》《〈二十四孝图〉》《五猖会》《无常》《父亲的病》《故乡》《孔乙己》《〈呐喊〉自序》《题〈彷徨〉》《自嘲》等作品及世人对鲁迅的评价资料，谈谈鲁迅在推动"理想社会"的构建上做出了怎样的贡献。

在我看来，鲁迅主要对社会做出三大贡献——思想、文化、改革。

在思想方面，他以笔为枪，一面对封建礼教做出鞭挞，动摇了"封建思想"的统治地位，揭示老莱、郭巨、父亲一类，饱受封建陋习与礼教思想的束缚，难以挣脱的人们的思想状态；一面揭露反动派的嘴脸，抨击他们的罪恶行径，如对《狗·猫·鼠》中像"猫"一样欺下媚上、奴性十足的人进行讽刺与抨击。他一面揭露国人身上的劣根性，如狗、猫、两位中医、衍太太为一类，他们麻木无情、欺负弱者，是社会的毒瘤；一面又唤起国人斗争的意识，对像狂人和范爱农这样思想觉醒的先驱者给予同情和支持。

在文化方面，他发表了第一部白话小说《狂人日记》，奠定了新文化运动的基石。毛主席曾评价，鲁迅的方向，就是中华民族新文化的方向。现在大家都追求实践出真知，鲁迅早已为我们铺了一条路。鲁迅先生的认识非常明确。他曾经采用白话文进行文学创作十分提倡，并且在自己的创作中也一直在坚持自己的白话文学的主张，且强调文学体裁不能受到限制，鼓励作家扩大生活天地。

在改革方面，鲁迅一直自觉而坚定地践行他的改革主张，他从"走异路，逃异地，去寻求别样的人生"中获得收获，以"立人"进而"立国"为目标，他的改革国民性的思维和奋斗目标，激发了广大中国青年、很多知识分子和工人阶级都投入革命之中。

正像鲁迅离京南下前在女师大作最后一次讲演时所说的，"希望是附丽于存在的，有存在，便有希望，有希望，便是光明。……黑暗只能附丽于渐就灭亡的事物，一灭亡，黑暗也就一同灭亡了，它不永久。然而将来是永远要有的，并且总要光明起来，只要不做黑暗的附着物，为光明而灭亡，则我们一定有悠久的将来，而且一定是光明的将来"。他为这"光明的将来""荷戟独彷徨""横眉冷对千夫指，俯首甘为孺子牛"，他以一己的力量去改造旧世界，创造新世界那种"知其不可而为之"的精神，被人们誉为"民族魂"。

［北京市日坛中学实验学校2018级初二（2）班　白晓玥］

在人类构建理想社会的大背景下，谈谈"中国梦"与"古往今来，我国人民对理想社会的构想"之间的联系，并书写出自己心中的理想社会。

　　古往今来，我国人民对理想社会的追求未停歇过一时一刻，与此同时，也产生了无数个对此的构想。然殊途同归，这些构想归根到底，都是人们由于对所处社会的状态的不满，所处社会的状态难以满足人们的所需而导致的。人们的最终愿望就是追求美好的生活，符合自身所需的生活。

　　我们现阶段的"中国梦"正是在前人对"理想社会"的美好构想的基础上延续而来，不同的是"中国梦"目标更全更细了，追求的脚步也更深更实了。

　　习近平总书记曾言："到中国共产党成立100年时全面建成小康社会的目标一定能实现，到新中国成立100年时建成富强民主文明和谐的社会主义现代化国家的目标一定能实现，中华民族伟大复兴的梦想一定能实现。"这便是对"中国梦"有了更具体更详细的目标追求，"中国梦"凝聚了中国人民对"伟大复兴"的憧憬和期待，即是人们对美好生活的追求。它对生活的方方面面都制定了更具体、更高的追求目标，无论是经济、文化还是精神追求等。每一位中国人都为"中国梦"的实现不懈奋斗着。

　　"桥接港珠澳，横贯南雄，彩凤凌波，迤逦百里"，在林鸣总工程师的带领下，历经9年，3000多个日日夜夜的港珠澳大桥于2018年10月24日上午9时正式通车，它在碧蓝的大海上如一条彩练连接了港珠澳，让天涯变咫尺。山不再高，海也不再宽。港珠澳大桥书写着我们为理想社会奋斗的荣光。

　　被誉为"天眼"筑梦人的南仁东老人，年近七旬，在研究队员的多次劝阻下，他依然坚持自己第一个上，亲自进行"小飞人"载人试验。简易装置的起落架缓缓地将南老先生吊起来，送到6米高的试验节点盘。高空中无落脚之地，全程需手动操作，稍有不慎，就有可能摔下来。下面仰望的人脖子早已酸僵，可南老先生还在高空中忙碌着。"天眼"现场有6个支撑铁塔，每个建好时，南仁东总是"第一个爬上去的人"。几十米高的圈梁建好了，他也要第一个走上去，甚至在圈梁上奔跑，开心得像个孩子。

在我国版图上，有这样一个地方，在这里，人们特别认同一句话：如果没有树木，人类将会怎样，如果没有森林，世界将会怎样？在这里，每一个人都是植树人，他们就是塞罕坝林场的创造者。在这里，昔日"黄沙遮天日，飞鸟无栖树"的无比凄凉景象，早已成为"蓝天白云游，绿野无尽头"的万顷绿洲的怡人美景。在这里"一代接着一代干，驰而不息，久久为功，努力形成人与自然和谐发展新格局，把我们伟大的祖国建设得更加美丽，为子孙后代留下天更蓝、山更绿、水更清的优美环境"。

…………

海、天、地，哪里都有我们追梦的脚步。是的，我们已经从过去的贫困中脱离出来，方方面面发展着、进步着，电脑、手机、汽车、4G高速、高铁早已普及至家家户户、全国各地，甚至于5G极速时代已来临，不久就要遍至全国，我们不再需要千里寄信，我们不再需要舟车劳顿，我们时时刻刻都在实现着、发展着"中国梦"，时时刻刻都在前人的基础上更上一层楼，我们可以说是站在巨人的肩膀上看世界！人民对理想社会的构建早已渗透在生活的点点滴滴之中。

没有前人对理想社会的伟大构想，就没有我们今天的"中国梦"的宏伟蓝图；没有前人构建理想社会的坚实基础，就没有我们今天追梦路上的开拓进取；没有前人追梦的经验教训，就没有我们今天筑梦路上的跨步前行。历史悠悠，理想绵远；筑梦路上，全民协行。"中国梦"一定会从历史的长河中汲取滋养，开出绚烂繁花。

[北京市日坛中学实验学校2018级初二（2）班　佟浩明]

（三）构建理想社会——从"共同理想"看鲁迅的当代价值

联合国"同一个世界，同一个梦想"摄制组，准备以"理想世界"

为主题，制作一期节目，其中需要有一组鲁迅先生的镜头，请你推荐一些镜头，你会选择哪些重要镜头呢？请阐释你这样选择的理由。

我推荐四组镜头。

镜头一：小鲁迅津津有味地听闰土讲海边沙地月下捕猹和稀奇古怪的故事。（理由：展现鲁迅童年生活的丰富多彩）

镜头二：鲁迅的父亲临终前，衍太太要求鲁迅按照"礼节"高声喊父亲。父亲无法回应小鲁迅，最后痛苦地死去。（理由：衍太太愚昧的做法触动了小鲁迅的一颗反封建迷信之心，也让小鲁迅体会到了封建礼节的可恶）

镜头三：鲁迅的父亲得了病，医生趁火打劫要挟鲁迅家人多交钱财且并未对鲁迅父亲给予有效治疗。（理由：写出了封建社会学阀对老百姓的各种坑蒙拐骗及旧社会医疗资源稀缺的状况，侧面反映了鲁迅长大后学医的主要原因）

镜头四：鲁迅在日本学医期间，课间观看"枪杀中国人"的场景。（理由：这件事给了鲁迅先生精神上的强烈刺激，是鲁迅先生弃医从文的直接原因，也是他为创建理想社会所做出的实质性行动的开始）

前两组镜头通过小鲁迅童年生活的不同境遇的对比，展现他童年时代美好与丑陋交织的现实。这四组镜头按时间顺序排列，很好地交代了鲁迅最初选择学习医学的原因到后来"弃医从文"的过程。童年的美好，现实的不满，国人的愚昧，正是推动他为创造理想世界而奋斗的巨大推动力。

[北京市日坛中学实验学校2018级初二（2）班　张奇喆]

（北京市第二中学朝阳学校　张海水）

第三节　专家点评：以问题解决提升语文素养

所谓专题教学，是教师通过引导学生阅读一组文章或资料，探究某一个问题，并借此提升学生语文素养的一种教学方式。

我之所以对专题教学做这样的界定，是因为专题教学（学习）本质上是语文教学（学习）的一种方式，其根本目的是提升语文素养。

专题教学或专题学习是一种手段或途径，虽然我们不排除甚至乐见学生在专题学习中有独到之见、做学术性研究，但学生的独到之见或"学术成果"并不是中学阶段，特别是初中阶段必需的教学效果。

为什么这样说？原因是，希望一线教师不要被一些优质生源学校的个别教授级学生的优秀成果"吓住"，认为自己的学生生源差拿不出"好"的专题学习成果，就"不敢"做专题教学，进而否定专题教学。当然，我也反对将专题教学定于一尊，似乎不群文、不专题，就没有新意、不新课标了。

评价一个专题教学（学习）案例，首先要看这个专题案例选题的教学价值。

张海水老师的"鲁迅作品中的理想社会"专题，选题有三个要素：鲁迅、作品、理想社会。

鲁迅是中学生不可回避的作家，虽然学生学起来有难度（中学生有"三怕"），但语文教师往往情有独钟。通过某种学习方式让学生的怕变为敬或爱，其教育价值不言而喻。张海水老师的案例试图在此突破，值得赞赏。

理想信念是立德树人的根本，对理想社会的憧憬与了解是为理想奋斗的动力。作为伟大思想家的鲁迅，作品自然从不同侧面表达了他对理想世界的认识。通过对作品的细致品味，对理想社会有具体化的认识，是语文课程文道统一的重要方式。所以说，张老师这个选题立意是很高的。

三个要素中的关键是作品，也就是引导学生通过阅读作品获得对鲁迅与理想社会的认识，抓住了这个关键，这个专题就不是历史或思政课的专题，而是语文课的专题。

张海水老师精选了一组鲁迅的作品，以《朝花夕拾》中的作品作为核心，通过关键性作品的阅读，使学生对鲁迅的生活有了大体了解，实现了走近鲁迅的目的。

同时，张老师精选了相关资料，并组织了实践活动，让学生从不同角度了解鲁迅，对鲁迅有了感性认识。一旦进入"鲁迅情境"，理解前述鲁迅作品会相对容易，本专题的教学价值也就便于实现了。

选题好，对选题教学目的的落实还需要精心组织。

张老师通过三阶段10课时的教学，引导学生经历从阅读理解到运用迁移的整个专题学习全过程。

其中第一阶段"观精神乐土"是整个专题的基础，教师布置的文章和阅读思考题非常关键。

张老师在其中发挥了很好的主导作用，以下问题体现了其设计意图：

问题一：阅读《从百草园到三味书屋》、《社戏》（后半部分）的文章，细数鲁迅的"童年乐事"，并说说这些乐事给他带来了哪些快乐。

问题二：承载着鲁迅"童年乐事"的"小鲁迅"心中的"乐园""乐土"是怎样一番天地呢？

问题三：鲁迅笔下的长妈妈、六一公公这些长辈，平桥村的双喜、阿发、桂生等小伙伴，以及故乡的少年闰土给作者留下了怎样的印象？

问题四：在阅读《朝花夕拾》中的作品和《社戏》（后半部分）、《故乡》（前半部分）时，我们能深切地感受到文字中满溢着的童真童趣，文中活泼可爱、喜欢玩耍的"小鲁迅"宛在眼前；透过文中"小鲁迅"的生活经历和承载他"童年乐事"的"乐园""乐土"，说说你感受到文字背后提笔创作的"大鲁迅"怎样的情感。

还有从反面的"悲惨现实"切入的三个问题：

问题五：阅读散文《狗·猫·鼠》《〈二十四孝图〉》……将鲁迅笔下涉及的人物进行分类，并说说分类的理由，围绕关键词，对每一类人的特点进行具体的阐述。

问题六：联系第三题、第五题，说说鲁迅对笔下的每一类人报以怎样的态度。

问题七：说说他所期望的人与人之间的关系是怎样的？

以上这些问题围绕着"乐"与"悲"展开，从正反两面诠释本专题"理想社会"这一核心概念，通过"小鲁迅"的阅读，理解"大鲁迅"的情感。

这几个问题，张老师是下了功夫设计的。

在这个基础上再引导学生理解鲁迅生命成长的心路历程。

在专题学习第二阶段，学生通过阅读相关作品理解从"弃医从文"看鲁迅的精神追求，也就是理解鲁迅对理想社会的追寻。

通过学生的阅读与教师的引导，学生对鲁迅这位文学家、思想家、革命家的认识就不是停留在概念上，而是有了具体的认识，这样对走近鲁迅，进而理解他对理想世界的追求起到很好的铺垫作用。

尤其值得肯定的是，张老师在教学过程中明确了评价建议，使学生阅读时有路径可循、有建议可依，教师在教学自我评价时也有了依据，整个专题教学（学习）就不会停留在表面。

从学生上交的作业看，在教师阅读题目（想必还有教师的课上指导）的指引下，学生获得了实在的收获，特别是对作品中的鲁迅，学生有了更加深入的认识，实现了专题设计之初的教学目标。

毋庸讳言，学生阅读后的结论还相对表浅，但他们毕竟只是初二的学生，对鲁迅这样"高深"的作家及作品能够读下去，并且能够整合多篇文章得出结论，还对鲁迅有新的认识，这就达到了教学目标。

当然，本案例还是有值得商榷的地方。

第一，本专题案例的教学目标过于宏大与繁杂，其中三、四两个目标不可能是一次专题学习就能解决的，也不是初二学生能够达到的。相比而言，认真完成第一个教学目标，就已是功德无量了。

第二，由于案例目标过于宏大，本案例第三部分"构建理想社会——从'共同理想'看鲁迅的当代价值"就显得大而无当。学生对鲁迅的当代价值究竟在哪里，与"共同理想"的关系如何，根本无从下手，学生上交的作业不过是抄一些媒体上的话，与鲁迅的作品没有什么关系。

第三，教师对学生阅读过程中的问题指导还应该再具体一些。本案例教学过程主要由阅读设问构成，然后直接就是学生成果；学习期间学生会有什么问题，教师将如何解决，这个案例就语焉不详了。

归根到底，本案例在专题"教"的方面体现出探索的精神——这是本专题最大的价值，但在专题"学"的指导方面，还要再下一些功夫。

（北京师范大学第二附属中学正高级教师　何杰）

▷ 第四章 ◁
整本书阅读教学

整本书阅读，也称书册阅读，包括名著阅读与经典阅读。整本书阅读是以学生心理发展和语文学科的本质规律为依据，选用成本的书册作为语文阅读教学材料，以此培养学生驾驭长篇幅、多头绪、大容量语文材料的能力。整本书阅读作为一门课程，是语文学科实践活动课的主要构成，以学生为本位，以培养和提升阅读能力为主要教学目标。目前，整本书阅读已经从语文教学的课外转入课内，从初期的"游击战"转为"正规军"。课程标准、统编教材和学业考核都对"整本书阅读"有了新的规定和要求，"整本书阅读"课程化是必然趋势，主要有以下几点原因。

第一，指向语文核心素养发展。语文课程是实践性课程，学生的语文实践不仅要阅读单篇文章，也要阅读整本书。整本书容量大、内容丰富、阅读时间长，更利于语言建构与运用、思维发展与提升、审美鉴赏与创造、文化传承与理解四个方面的语文素养综合发展。

第二，落实新课标与新教材。新课标规定了18个学习任务群。学习任务群1 整本书阅读与研讨这样规定：

> 本任务群旨在引导学生通过阅读整本书，拓展阅读视野，建构阅读整本书的经验，形成适合自己的读书方法，提升阅读鉴赏能力，养成良好的阅读习惯，促进学生对中华优秀传统文化、革命文化、社会主义先进文化的深入学习和思考，形成正确的世界观、人生观和价值观。
>
> 本任务群的学习贯串必修、选择性必修和选修三个阶段。①

整本书是教学内容的一种载体，而一本书可以是文学书籍、科普读物或者学术论著。因此，整本书阅读与研讨学习任务群可以与其他任务群结合，贯串必修、选择性必修和选修三个阶段。另一方面，初中统编

---

① 中华人民共和国教育部：《普通高中语文课程标准》（2017年版2020年修订），人民教育出版社，2020年版，第11页。

教材已经将整本书阅读列入教材单元的《名著导读》，不仅与整个单元形成一体的单元教学设计，而且列出了详细的阅读策略指导，如表4-1所示。

表4-1　统编教材中的整本书阅读

学段	书名	阅读策略
七年级上	《朝花夕拾》	消除与经典的隔膜
	《西游记》	精读和跳读
七年级下	《骆驼祥子》	圈点与批注
	《海底两万里》	快速阅读
八年级上	《红星照耀中国》	纪实作品的阅读
	《昆虫记》	科普作品的阅读
八年级下	《经典常谈》	选择性阅读
	《钢铁是怎样炼成的》	摘抄和做笔记
九年级上	《艾青诗选》	如何读诗
	《水浒传》	古典小说的阅读
九年级下	《儒林外史》	讽刺作品的阅读
	《简·爱》	外国小说的阅读
高一上	《乡土中国》	学术著作的阅读
高一下	《红楼梦》	古典小说的阅读

从阅读书目而言，包括文学类的散文、诗歌、小说及纪实与科普作品，在七年级和八年级，主要学习具体的阅读方法；到了初中高段，阅读策略更加贴合文本特征，聚焦于一类文体的阅读策略。到了高中，则将整本书阅读专设一个单元，并配有详细的阅读指导和学习任务。

通过以上新课标的具体规定和新教材的单元设计，更加明确了整本书阅读在语文教学中的重要地位，指出了在教学设计与教学实施中整本书阅读课程化的重要目标。

第三，适应中高考变革导向。 与教育综合改革和新课标相呼应的是评价方式变革。中高考语文试卷中增大文言文、现代文阅读量，来评价学生的语文综合素养。自2017年有关整本书阅读的内容进入高考试卷，所占比重较大，题型多样，成为试卷的重要组成部分。在名著考查的篇目上，涵盖古代经典、现代名著与外国著作。课程框架下的整本书阅读，在评价验收及测试区分的要求下，需要对三个问题有明确的判断："第一，是否读过；第二，是否想过；第三，是否能够表达出来。"①

第四，为改善国民的阅读习惯做一点事。 2020年4月20日，中国新闻出版研究院在线发布第十七次全国国民阅读调查成果主要数据。"2019年我国成年国民人均纸质书报刊和电子书阅读量均有所下降，成年国民人均纸质图书阅读量为4.65本，人均电子书阅读量为2.84本。"②阅读与国民素质密切相连，阅读与学习的能力息息相关。现代社会不满足于每个个体只在学校学习，终身学习是现代公民的必备条件。不论是什么年龄段，什么样的生活背景，学会阅读、养成阅读的习惯将受益终身。

以上从指向语文核心素养发展、落实新课标与新教材、适应中高考变革导向和改善国民的阅读习惯四个方面，阐述了整本书阅读教学的意义所在。虽然实施整本书阅读教学已成为广大语文教师的共识，但是目前在教学实际中还存在以下问题：第一，学生阅读兴趣不高，如何真正阅读完一本书成为教学障碍。第二，教师在阅读指导中缺乏策略，多是用考试驱动学生阅读。第三，整本书阅读教学的设计与实施仍呈现随意性与边缘性。教师的经验主要在于课型，如导读课、讨论课等，但这些经验源于模仿与借鉴，缺乏对其合理性与科学性的学理思考。第四，整本书阅读教学如何评价是难点。如此一来，真正的阅读无法发生，整本书阅读的教学便失去意义。因此，只有科学地设计、系统地规划整本书阅读，才能发挥阅读对于学生在知识、能力和情感等方面的重要作用。

---

① 杜志兵：《经典作品阅读的教学与考试评价跟进》，《中国考试》，2020年第1期。
② 刘彬：《第十七次全国国民阅读调查报告发布》，《新阅读》，2020年第5期。

第一节　理论指导：整本书阅读教学体系探索

在教学实践中，整本书阅读教学的顺利实施不仅需要师生的配合，也需要学校提供理想的阅读环境和充足的阅读时间。阅读的时空保障，可称为整本书阅读教学的"硬件"，将随着教育教学改革的深化逐步改善。教学体系化，可称为整本书阅读教学的"软件"，需要从教师方面改变观念、不断探索。依据拉尔夫·泰勒在《课程与教学的基本原理》中的主要观点，任何课程与教学都必须回答四个基本问题。因此，整本书阅读教学需要解决以下四个问题，以此构成整本书阅读的教学体系：

1. 整本书阅读教学应该达到哪些教育教学目标？
2. 如何选择有助于实现这些目标的学习经验？
3. 怎样才能有效地组织整本书阅读教学？
4. 怎样才能确定整本书阅读的教学目标得到实现？

一、撰写整本书阅读教学目标的维度

整本书阅读进课堂不是以娱乐享受、满足好奇心为主要目的，而是为了有学习活动的发生。《如何阅读一本书》的作者提出，阅读的目标有两种：为获得资讯而读，为求得理解而读。为获得资讯而读，这本书只是将你在没有阅读之前你们共同理解的东西传达出来而已；为求得理解而读，这本书的水平比阅读者高一截，作者想要表达的东西，能增进阅读者的理解力。"这里的'学习'指的是理解更多的事情，而不是记住更多的资讯——和你已经知道的资讯在同一水平的资讯。"[1]因此，整本书阅读教学属于语文课程的内容之一，服从语文教学的课程目标，遵循每一学段学生语文学习的特征。整本书阅读能够冲破语文教学原有的狭小格局，灵活组合不同阅读方式与学习方式，开展深度阅读与深度学习，让学生的阅读鉴赏、表达交流、梳理探究等实践活动开展得更充分、更顺畅。

教学目标是教师教与学生学的最终目的，体现了教育文件的要求和整本书的教学价值，规定了教学内容和教学策略的选择，是教学评价的重要依据。整本书阅读教学指向学生语文核心素养的发展，从核心素养的维度建构整本书阅读的教学目标，分为知识积累、能力提升、策略建构和精神成长四个方面。另一方面，知识积累、能力提升、策略建构和精神成长构成整本书阅读教学目标的四个维度，而针对每一本书生成具体的教学目标。以长篇小说《悲惨世界》为例，其教学目标为：

知识积累：辨识小说中的真实事件与虚构内容；能够说出小说在叙事时间与叙事结构上的特点；能够结合小说内容举例说明什么是崇高美。

能力提升：提取显性信息组合内容要点；鉴赏凸显人物性格的细节描写；联系现实评价人物、理解主题。

策略建构：选用跨界阅读，烘托文本感染力，提高阅读兴趣；细读心理描写，走进人物内心世界，丰富人物形象；借助叙事干预，深化主题理解，走向深度阅读。

精神成长：关注并同情生活贫苦的人们；勇于面对自己的错误；树立惩恶扬善的价值观。

---

[1] 莫提默·J.艾德勒、查尔斯·范多伦:《如何阅读一本书》，郝明义、朱衣译，商务印书馆，2006年版，第12页。

二、确立整本书阅读教学内容的路径[①]

整本书阅读教学内容如何确定,是语文教师必须面对和解决的问题。只有合宜的教学内容才能实现教学目标。整本书阅读教学内容的整合路径可以概括为:还原书册的历史语境明确文本价值,对应学段的学习目标确定教学价值,依据学生的发展需求制定发展价值。确定教学内容的基本路径包括以下四个主要步骤。

(一)文体类别

王荣生在《依据文本体式确定教学内容》一文中提出"阅读是对某一种特定体式、特定文本的理解、解释、体验、感受。阅读是一种文体思维。阅读便条是一种方式;阅读诗歌,是另一种方式"[②]。文体学有普通文体学(语体学)和文学文体学两大分支。对文学文体而言,有文学作品"三分法"——叙事文学、抒情文学和戏剧文学,或者"四分法"——诗歌、散文、小说、戏剧,每一文体都被赋予了某种足以使其相对独立的性质。

单篇的文本有文体类别,整本书亦是如此,辨清了文体才找到了家族门派。例如,现阶段进入中小学语文教学的经典名著,《论语》以语录体和对话体为主,《呐喊》是短篇小说集,《朝花夕拾》是散文集,《红星照耀中国》属于纪实作品,《昆虫记》是科普作品,四大名著是长篇小说。对整本书而言,首先需要辨识这本书是一部完整的作品还是文集?文集是作者诗文作品的汇编,有的按照时间、地域汇编,有的按照主题、文体汇编。其中每一篇文章,都负有体现全书核心思想的任务,同时又各具特色。而书中的人物,或贯穿全书、时隐时现,或独立成篇、成为全书链条的一环。其次,若是一部完整的作品,便要根据其特

[①] 本节内容参照胡春梅、杨海威:《整本书阅读教学内容的确定路径与原则》,《语文教学研究》,2019年2月。略有改动。
[②] 王荣生:《依据文本体式确定教学内容》,《语文学习》,2009年第10期。

征辨清文体。

从文体学上讲,"文类"所具有的共性特征叫"体常",文本的独特性叫"体变"。文本体式是作者个性的一种外射,因为内而形于外,同一种体裁不同的作者都在用,体裁同而体式绝不同。因此,文体只是关注了文类共性,作为一本书,尤其是文学名著,其文本的独特性、经典性更需要细致体味、深入挖掘。

《巴黎圣母院》是一部长篇小说,小说的基本特征是完整复杂的情节叙述、深入细致的人物刻画、具体充分的环境描写。无论是短篇小说,还是长篇小说,情节、人物、环境三要素是学习的重点。而作为一部外国小说,译者和版本不得不提。在教学中,根据学情挑选并统一版本是整本书阅读开启的先决条件。《巴黎圣母院》是法国浪漫主义文学的代表作品,绚丽奇异的画面、夸张强化的人物及浓烈奔放的情感贯穿全书。

(二)原生价值

每一部作品,都有它诞生的社会背景,有其作为教材的原生价值。"文章(作品)一旦编入语文教材,就有了两类价值:一是文章(作品)作为公共产品向公众传播社会信息的价值,我们称之为选文的'社会价值';一是文章(作品)编入教材后所起到的教育教学功能,我们称之为'教学价值'。"[①]一本书之所以被称为文学名著,必定有其重要的地位与意义,而名著的社会价值在不同时期、不同国家有不同呈现。对名著而言,作者创作的写作背景与作品诞生的原生价值,是解读文本的一把钥匙。《巴黎圣母院》于1831年初版问世,1832年加入第一版丢失的三章最终定刊。以下三个方面分别从不同角度阐明了作品的原生价值。

时代背景。出现在18—19世纪之交的浪漫主义文学,是对法国大

---

① 李海林:《如何构建一个可用的阅读教学内容体系》,《中学语文教学》,2010年第11期。

革命和启蒙思想的反响,是复杂社会心态的折射。1828年,雨果起草了《巴黎圣母院》的大纲。雨果写这部小说时,适值七月革命爆发,作者目睹了人民群众的巨大威力和貌似强大、色厉内荏的封建统治者的不堪一击,从而确定了小说的主题:这是一曲反封建、反教会的悲歌。

文学发展。《巴黎圣母院》是雨果浪漫主义文学的代表作品,它是对统治文坛二百年之久的古典主义的反叛。浪漫主义文学主张个人情感的自由抒发,无论是热情的,还是感伤的,都富有强烈的感情色彩。作者往往通过悲欢离合的爱情故事,以热烈的情感抒发来探询人物的内心世界。《巴黎圣母院》中的人物关系,袭用了雨果喜爱的模式:几个男子共恋一女子。在爱情纠葛中,人物的情感自由抒发、人物的内心赤裸裸地展现在读者面前,小说里还经常插入作者的议论与抒情。

雨果和众多的浪漫主义作家一直遵循着自由主义的创新意识,对古典主义持坚决反对态度。因此,雨果的文学作品不会被一种文学样式禁锢,往往交织着多种文学特征。古典主义贬斥中世纪的历史和文学,把它看成漆黑一团,浪漫派反其道而行之,在重新挖掘中世纪文化的同时,也把这段历史作为描写的内容。《巴黎圣母院》是一部关于中世纪的史诗,文中有多处专门描写中世纪的法国社会。小说里还谈到了建筑艺术、法学、医学、天文学和炼金术,许多章节内容似乎是游离于小说之外的主要情节,但正是这些内容向读者勾勒出历史的轮廓,让读者看到了主要人物生活的社会场景,体会到一个民族传统文化的内涵。

作者倾向。雨果对建筑艺术情有独钟。据有关资料记载,雨果半年之内便完成了《巴黎圣母院》手稿,而动笔之前准备资料却花了三年的时间。他读过许多历史著作、编年史目录索引和文献资料,研究了路易十一时代的巴黎,考察过当时的古老建筑遗迹。《巴黎圣母院》的文学意义旨在表明建筑的文化内涵,它不只是人类的居住场所,还包含所在地域的文化信息,体现传统习俗,代表城市性格,关乎人们的意识形态、价值取向及社会文化的形成。在雨果心中,建筑是神圣而不可侵犯的,他在《巴黎圣母院》定刊本附记中表明了自己的态度:"假若可能,就让我们把对于民族的建筑艺术的热情灌输给我们的民族吧。"①作者宣告，这就是他的这部作品的主要目标之一，也是他毕生追求的主要目标之一。

雨果对古典建筑的喜爱和珍视是广泛的，并非仅仅局限于巴黎。他曾在《致巴特雷上尉的信》中，表达了对英法联军远征中国的看法并强烈谴责了英法联军火烧圆明园这一罪恶行径。雨果对圆明园给予相当高的评价，他对不同文化范畴的建筑艺术投以客观的审美关注，不曾怀揣任何民族主义偏见。

一般读者阅读《巴黎圣母院》，能够体会法国浪漫主义文学的样貌，或者借助小说了解法国中世纪的社会民俗、王权宗教。如果作为中学生的阅读书目，其教学价值显然与此不同。

（三）教学价值

在《巴黎圣母院》原生价值的基础上，依据新课标的要求，明确《巴黎圣母院》的教学价值。新课标要求，通过阅读外国文学名著，拓展阅读视野，提升阅读鉴赏能力，尝试探讨不同民族文学之间的共同话题和文化差异，尊重文化多样性。因此，《巴黎圣母院》的教学价值有以下三点：

人物形象。副主教克洛德可称为反面形象，却是作品中最为复杂的人物。如果使用"圆心聚焦"的方法分析克洛德，他在小说中每个人物的眼中都是不同的：在伽西莫多的眼中，他是备受敬爱的养父；在拉·爱斯梅拉达眼中，他是邪恶的幽灵；在弟弟若望眼中，他是威严的副主教、慈爱的兄长；在诗人甘果瓦眼中，他是博学的老师。在克洛德自己眼中，文中有这样一段话："作为博士，我践踏了学问；作为绅士，我毁了我的姓氏；作为教士，我把弥撒书当作淫荡的枕头……"②克洛德始终处于自我矛盾与痛苦中，理性的压抑与情欲的需求激烈地碰撞，造成克洛德人格的分裂。克洛德是小说情节主要的推动者，也是作者塑造

---

① 雨果：《巴黎圣母院》（定刊本附记），陈敬容译，人民文学出版社，1982年版，第3页。
② 雨果：《巴黎圣母院》，施康强、张新木译，译林出版社，2016年版，第381页。

的最为完整与立体的人物。透过克洛德内心的煎熬、凄苦的哀求和歇斯底里的吼叫,字里行间表达出作者对他的同情,克洛德是一个时代的牺牲品。

作为中间人物的伽西莫多,他经历了精神的成长,这期间起到决定性作用的两个人物便是克洛德与拉·爱斯梅拉达。伽西莫多是一个天生残疾的孤儿,他从最初的不辨荣辱的"丑王"、甘当奴役的仆人,经历爱情的洗礼,唤醒了懵懂的心灵,拥有了自己的价值判断。伽西莫多精神成长的经历,寄托了作者对读者和所有民众心智启蒙的良苦用心。

写作手法。法国作家拉马丁曾这样评论《巴黎圣母院》:小说中的莎士比亚,中世纪的史诗。这样的评价说明这部小说别具一番戏剧的风格,而很多文字还散发着诗歌的韵味。例如,克洛德躲在黑暗小屋中偷窥拉·爱斯梅拉达约会,并且从背后刺伤了弗比斯;在拉·爱斯梅拉达即将受刑时,同时出现的不同心思的三个男人。再如,伽西莫多毅然将克洛德推下圣母院,却直勾勾地望着广场上的绞刑架……在人物创设、情节安排、环境布置等诸多方面,这些都是典型的戏剧情景。另外,诗人写小说,免不了笔端诗情洋溢。第三卷第二章《鸟瞰巴黎》的最后一节对日出时分巴黎万钟齐鸣的赞颂,是雨果自诩的史诗手笔。读起来情感浓烈、气势非凡。

说到《巴黎圣母院》,评论者都会提及"美丑对照原则"。在《〈克伦威尔〉序言》中,雨果谈道:"丑在美的旁边,畸形靠近着优美,丑怪藏在崇高背后,美与恶并存,光明与黑暗相共。"[1]拉·爱斯梅拉达的美与真,伽西莫多的丑与善,克洛德的虚伪与险恶,将这一原则诠释得淋漓尽致。突破古典主义的崇高美,将滑稽、丑怪引入文学作品中是雨果"自由主义"的又一创举。

历史文化。《巴黎圣母院》是一部关于中世纪法国社会的风俗画。小说的第一卷,详细叙述了诗人甘果瓦1482年1月6日一天的经历。1月6日是欧洲国家的主显节和狂人节,直到今日依然是法国重要的传统

---

[1] 郑克鲁:《外国文学史》(上),高等教育出版社,1999年版,第184页。

节日。在这一天，人们要点燃篝火、立五月树、看圣迹剧，这一节日习俗古已有之，一代代传承下来。另外，小说不仅重点叙述主人公的人生经历，也展现了社会不同阶层的生活面貌：有青睐外国使节而与国内领主制度产生深刻矛盾的王权，有为了一己私利要挟国王的弄臣，有双耳失聪还装模作样审判犯人的法官，有养尊处优、为爱情争风吃醋的贵族妇女，有寄居在城市角落贫穷污秽却侠肝义胆的乞丐王国，还有广场上兴高采烈地欣赏吉卜赛舞蹈转而又欣然观看舞娘被处死的城市民众……对学生而言，法国中世纪的异域文化尽收眼底，而对传统文化的继承与文化遗产的保护，是中外文学的共同话题。

（四）教点选择

书里有什么教师就教什么，这在实践中是行不通的。单篇教学，可以依据"定篇"、"例文"、"样本"和"用件"的选文类型及功能来确定教点。整本书阅读教学是一个教学过程，在实践中大体分为导读、通读全书、全班讨论、师生共研、成果展示（或实践活动）几个环节，在不同的阅读阶段选择不同的教学内容。例如，通读全书，完成学生自己能够解决的问题，目的是监督学生阅读的进度与质量；全班讨论，通过小组活动解决学生个人无法完成但能通过同伴合作来解决的问题；师生共研阶段，即是在老师的指导下突破全班学生阅读中的共性问题和难点问题。显而易见，从文本内容和课标要求确定的只是教学内容的范围，在众多教学内容中如何选择教点并安排布点，关键是要了解学生的读书情况，调查学生阅读中的问题。

通过阅读调查，学生阅读《巴黎圣母院》产生的疑问如下：

有关拉·爱斯梅拉达：
1. 拉·爱斯梅拉达的爱情是否比较肤浅，停留在以貌取人的层面？
2. 拉·爱斯梅拉达为什么可以为了弗比斯，连母亲遗留的信物都不顾？
3. 拉·爱斯梅拉达是不是吉卜赛女郎的典型代表？

有关克洛德：

1. 克洛德说的"这个将要杀死那个"中的"这个"和"那个"是什么意思？

2. 克洛德的个性中有特别善良的一面，比如对伽西莫多、对弟弟若望，可为什么雨果总用鹰和秃鹫来比喻他？

3. 克洛德对拉·爱斯梅拉达的爱到底是一种什么样的情感？

有关伽西莫多：

1. 他对拉·爱斯梅拉达的爱到底是爱情还是恩情？

2. 他和钟楼上的钟之间到底是一种什么样的关系？

3. 为什么伽西莫多对克洛德的恨超过了对他的感恩？

有关弗比斯：

1. 他为什么在关键时刻不替拉·爱斯梅拉达解释清楚？

2. 他为什么能够对拉·爱斯梅拉达的死那么无动于衷？

3. 在他的心中，是否真的存在过爱情？

有关其他：

1. 为什么小说专门开辟一章来描写巴黎的街景？

2. 巴黎圣母院这幢建筑和人物之间有没有什么内在的联系？

3. 乞丐王国的存在有没有什么象征意义？

4. 为什么雨果会由钟楼上刻着的"命运"一词想出这样一个故事？这个故事和"命运"之间有什么联系？

5. "隐修女"这个人物，是否是仅仅作为一个悲情母亲的形象出现的？她有没有什么隐性的象征？

6. 巴黎圣母院上的钟到底象征着什么？为什么拉·爱斯梅拉达和伽西莫多都那么喜欢听呢？

学生的问题有两大类：一类是有关小说的主要人物，一类是与小说的人物、情节都无直接关系的社会背景、历史建筑。学生并不满足于人物形象的浅层分析，他们的问题体现了人物性格的复杂性和小说人物设置的艺术性。因此，《巴黎圣母院》的情节梳理和人物形象分析，在通读全书阶段设计为阅读任务单，要求学生个人完成，以提高学生整合信息、解释分析的能力。如果完成了人物形象分析，师生共研课可以通过"圆心聚焦"的方法揭示人物的复杂性，通过"美丑对照原则"统整全书、深化主题，提高学生的阅读鉴赏能力。而对《巴黎圣母院》中的历史文化及雨果对古典建筑的保护与热爱，可与我国传统文化和古典建筑相比较，设计为综合实践活动课。既是对文化多样性的认识，也是对传统文化的继承。

三、区分整本书阅读教学的操作课型

整本书阅读教学按照学生自然阅读的顺序与认知规律，在操作层面上产生了激趣导读、精细阅读、统整阅读与阅读输出四种课型。教师在组织教学时进行阅读指导，学生在阅读整本书时学习阅读策略。

（一）激趣导读

如何让学生对整本书阅读产生兴趣并开始真正的阅读而不是伪阅读，这乃是当务之急。因此，在开始读一本书时，教师的导读是非常必要的。导读的教学目标，在于激发学生的阅读兴趣，引导学生真正开始读一本书。

据研究表明，学生的阅读兴趣分为三类：源于文本、源于任务和源于已有的知识。教师的导读课，便可以从这三方面入手来设计。

除此以外，学生的兴趣十分丰富，可以从孩子们已有的知识当中寻找连接点与书册建立联系，拉近书册与学生的距离。现在，有很多名著被改编为电影，以影片的形式深入人心。例如，阅读《海底两万里》，可以在导读课上请同学们观赏电影《海底两万里》片段。电影《风声》，与红色经典《红岩》可以作为同类题材对比阅读。即使是古典名著《三国演义》《水浒传》里的经典人物，也常常出现在孩子们喜闻乐见的网络游戏与动漫文化中。许多今日流行的样式，包含有经典的内容，教师可以在导读课上从孩子们熟知的流行文化说起，引导学生去读一读这些经典人物的原型。

（二）精细阅读

有了读书的兴趣，还需要读书的方法把书读懂，需要读书的毅力将书读完。读书，是与文本的对话。从读者接受角度而言，"句子在文本中形成陈述、意见、传达信息、建立各种图景，它们是通过它们的所指物的相互作用而具有丰富意义的，读者是踩在这些所指物的联系点上进入文本的，并不得不接受文本句子提供的既定图景，但同时，读者必然引起这些图景的相互作用，并且它们总是预示某种即将到来的事情。这些句子在读者阅读中展现为一个过程，文本的真正内容和意义就是在这过程中形成的"[①]。一个理想的读者，首先要将文字解码成为"所指物"，通过"所指物"相互作用接受句子提供的图景而产生意义，读者因此进入文本。读者需要借助文字了解内容，并能将前后内容相互勾连，读出意义。精细阅读是阅读的起点，也是进一步深入阅读的基础。可是，现在许多学生读书时走马观花、浮光掠影，并不会精细阅读。因此，教师应当做出相应的设计来帮助学生。

相对于教师为教学服务的教学设计，为了帮助学生学习而设计的学习任务称为学程设计。学程设计"不是由教师单方面完成的，是教师在对课程进行'二次开发'后，在提出课程实施的主导性设计框架的基础上，充分发挥学生的主体性，让学生积极参与课程开发，并选择和调整课程实施活动的设计与规划，从而使课程实施符合学生发展的实际水平和学习需要，更有效地体现差异，促进个体发展"[②]。为了促进与监控学生们的精细阅读，教师与学生一同开发与名著阅读相配套的学程设计。教师确定阅读的规划与学习重点，形式可由学生参与设计。在课外学生

[①] 朱立元、张德兴等：《西方美学通史》（第七卷），上海文艺出版社，1999年版，第315—316页。
[②] 汤雪峰：《学程设计：课程开发的一种独特方式》，《基础教育参考》，2004年第12期。

边读书边完成配套的学程。例如，《三国演义》第十五回至三十三回的学程设计①，见表4-2。

表4-2 《三国演义》第十五回至三十三回的学程设计

阅读范围	阅读任务	重点能力指向
第十五回至三十三回：魏武挥鞭，曹军壮大	1. 熟悉重要情节，完成表格。 2. 理清吕布、曹操、刘备、袁绍之间的矛盾纠葛，用思维导图展示。 3. 你如何评价陈宫择吕布弃曹操的选择？ 4. 请结合原著分析袁绍官渡之战失败的原因，以"谏袁绍"为题，写一篇文章。	通过情节的概括梳理，熟悉主要人物和重要情节。以读促写，加深理解。

在《三国演义》第十五回至三十三回的学程设计中，有情节的概括和人物关系的梳理，将前后相关内容梳理、串联，对阅读大部头的文学作品非常必要。对主要人物的分析与评价，是基于小说中人物与情节的描写，从中提取信息、分析人物性格。这便从文学作品的形象深入到作品的情感思想，踩在文本之上而进入文本内里。学程的作用在于帮助学生细读名著，阅读交流课可以从某一问题或某一角度与同伴分享阅读体验，相互答疑解惑，开始探究、研读之旅。

（三）统整阅读

学生按照章节顺序将名著内容细读完毕后，阅读还没有全部完成。"阅读中，读者种种期待被不断修改，现象被不断扩展，但读者总会有意无意地去把读到的一切在动态进展中逐步组合成一个首尾一贯的统一体，这是阅读中'完形'（格式塔）功能的重要方面。"②艺术作品是作为一种结构感染人们的。这意味着它不是各组成部分的简单的集合，而是

---

① 吴欣歆、许艳主编：《书册阅读教学现场》，教育科学出版社，2016年版，第49页。
② 朱立元、张德兴等：《西方美学通史》（第七卷），上海文艺出版社，1999年版，第316页。

各部分相互依存的统一整体。读者在细读完一部书的每个章节之后，会提出对全书内容统整的进一步要求。例如：各个章节之间有何逻辑联系？全书采用了什么艺术结构？名著从开篇至结尾，什么地方有了变化，什么地方保持不变？教师应当帮助学生解决这类问题，这样才能体现整本书阅读区别于单篇阅读的"整"的特征。

思维导图是统整阅读常用的工具之一。以小说为例，教师可以以情节、人物、环境或者艺术特色为切入点，引导学生通过绘制思维导图来统整全书。北京市房山区的老师在做《三国演义》名著阅读时抓住刘备"人和"的特点，以思维导图分析刘备的处世之道①。

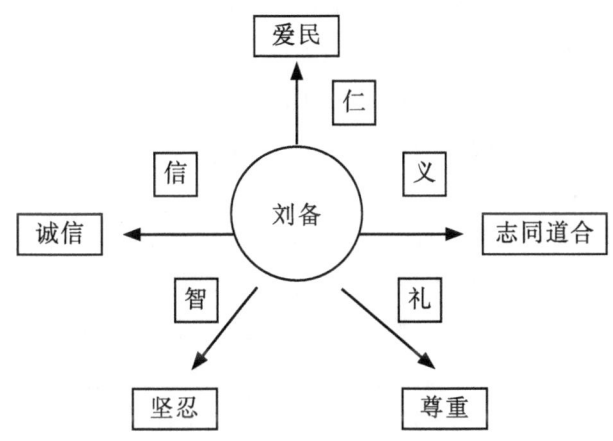

图4-1 刘备的处世之道

如图4-1所示：刘备的处世之道，是统整全书的一个切入点。刘备与关羽、张飞"桃园三结义"，体现了刘备的"义"；刘备三顾茅庐请诸葛亮出山，体现了刘备的"礼"；刘备与曹操煮酒论英雄，体现了刘备韬光养晦之"智"；刘备与赵云过命的交情，体现了刘备的"信"；而刘备体恤民间疾苦、仁心待民，体现了刘备的"仁"。刘备的处世之道这一切入点，通过思维导图便穿起了全书内容。从中，可以连接前后情

---

①房山五中苏向前老师的教学作品。

节、分析人物关联、剖析主要人物的性格，也可以体味到作者的创作倾向。刘备的处世之道，其实是传统文化中"五常"——仁、义、礼、智、信的体现，在全书拥刘反曹的思想倾向中更能凸显作者对传统文化伦理道德的弘扬。

（四）阅读输出

阅读过程是以读者自我的提高为终点。意识的构成，不仅包含着从相互作用的文本图景中出现的整体性创造（完形），而且通过形成这一整体，使我们能够形成我们自己，从而发现一个没有意识到的内在世界。因此，师生们不能满足于阅读输入，阅读后的输出尤为重要。如果说激趣导读，是教师的引荐；精细阅读与统整阅读，让学生进入文本；阅读输出才是学生与书册真正展开对话。这便是将学生的阅读体验外显化的过程，是对听、说、读、写能力的综合要求，是进一步通过阅读建构学生的主体经验。

从目前呈现的课例来看，阅读输出的类型大体分为四类。一是文字类，如读后感、文章评论、书评、续写、改写、扩写、缩写、咏人诗、歌词、剧本、人物传记、人物纪年表、腰封设计、推荐语、辩论稿。二是图画类，如思维导图、谱系图、纪念馆设计图、人生旅行地图、人物形象复原图、物件复原图、地形图、报纸。三是视频类，如辩论视频、讲故事的视频、课本剧剧本及录像、自制动画或视频。四是创意类，如书签秀、诗画擂台、游戏开发、文化创意产品、迷宫、建模等。

如果将以上输出类型与原著对照，学生们的言语表达经历三种转换形式：一种是内容重构，如人物传记、续写、扩写、人生旅行地图等，学生试从不同的视角、不同的人物筛选、整合原书信息。一种是转换表达形式，如咏人诗、剧本、视频、诗画，学生对原书内容了然于心，高度概括，用另一种形式表达出来，其中话剧表演的形式较为多见。书册阅读催生出许多新形式的学习活动进入语文课堂，从多元智能的角度而言，在阅读输出阶段学生不只是运用语言智能、空间智能、节奏智能、动觉智能等多种智能也得到激发和运用。

《如何阅读一本书》的作者告诉我们，作为比较好的主动阅读，阅读时要提出问题并尝试去回答。关于一本书，一定要提出四个主要问题①：第一，整体来说，这本书到底在谈些什么？第二，作者细部说了什么，怎么说的？第三，这本书说得有道理吗？是全部有道理，还是部分有道理？第四，这本书跟你有什么关系？在我们的教学中，问题一与问题二甚至是问题四都会有涉及，问题三是最少出现的。这也说明，教师擅长让学生们去解决"是什么""为什么"的问题，但较少去思考"怎么样"的问题。在学生精细阅读、统整阅读之后，只是知道了作者的想法仍然不够，有责任为这本书做出自己的判断。这既是读者与作者之间的对话，同时也有利于培养学生的批判性思维。这即是阅读输出的第三种形式：质疑探究。

　　教师们最便于操作的是从学生的问题与质疑入手。读书贵在有疑，有疑问说明学生不是在被动接受而是在主动思考。由于学生们的问题七零八碎、良莠不齐，可能有的是自己理解上的问题，有的是欠缺内容前后勾连的问题，但这其中也不乏有价值的问题。引领学生克服理解障碍、归纳出真正的好问题，是教师的作用所在。例如，清华附中的老师在带领学生们读《西游记》时，学生们提出的最希望探究的问题有：

　　1. 沙僧的武器到底是什么？能体现沙僧的什么特点？
　　2. "你挑着担，我牵着马……"这歌词里挑担子的，在原著中到底是谁？体现人物的什么特点？
　　3. 唐僧到底啰唆不啰唆？
　　4. 取经路上，妖魔们有后台的（与天神有关系的）都没事，没有后台的都被打死了，是吗？

---

① 莫提默·J.艾德勒、查尔斯·范多伦：《如何阅读一本书》，郝明义、朱衣译，商务印书馆，2006年版，第43—44页。

第四章　整本书阅读教学 | 129

通过逐一分析，可以将问题分类：问题1属于精读文本的问题；问题2与3属于学生已有的媒体形象与原著内容的差别；而问题4直指小说的主题，也是《西游记》研究中已经涉及的领域。毋庸置疑，问题4是有价值的真问题。教师可以为学生指引一条探究之路：梳理出真问题，细读文本内容，查阅文献资料，提出自己的看法，并与同学们一同讨论。在提出问题、文本研读、文献学习、探究解决的过程中，个人探究与小组合作强有力地促进了思维的发展与深化。如此一来，书册阅读不仅是读一本书，更成为培养学生质疑与探究能力的有效方式。

激趣导读、精细阅读、统整阅读与阅读输出，是一名专业读者完整的阅读过程，任一环节都不可缺漏。书册阅读如何将课内课外结合，如何将学生个人阅读与班级共读指导结合，教师可依据不同环节学生的完成情况来判定。阅读输入与阅读输出原本是一个相辅相成的过程，只有阅读完整并且深入才能够产生强烈的输出愿望，才能够发表自己的评价。因此，在课堂呈现时，统整阅读与阅读输出往往相连，也是书册阅读教学的难点所在。

四、设计整本书阅读教学的评价方式

整本书阅读教学，可以分学生、教师和学校三类不同对象进行评价。

（一）对学生，指向语文核心素养发展的表现性评价

对学生的评价大多用于日常教学中的整本书阅读和考试中的"名著阅读"，针对两类具体需求，下文主要分为整本书阅读的日常教学评价和整本书阅读的应试性评价。

1. 整本书阅读的日常教学评价。

（1）评价内容可以从学习过程和学习结果两个维度分解。学习过程

维度应包括在整本书阅读的过程中学生阅读与鉴赏、表达与交流、梳理与探究的主要学习行为和学习态度，可以从学习方法的掌握和运用、学习的主动性和积极性、学习过程的合作与分享、学习过程的自我反思与改进几个方面设计具体的评价指标。学习结果维度主要强调学生核心知识和关键能力的掌握情况，通过评价学生作业作品的质量来判断学生的知识能力水平。

（2）评价形式结合整本书阅读的全过程而设定。初读作品，设计撰写内容提要、编写长篇小说中主要人物传记、画出小说情节结构图等作业，评价的重点是考查学生是否准确、完整、简洁地概括出全书要点，是否理清了主要情境、主要人物之间的关系等；深入阅读之后撰写评论，并在班内研讨交流，评价的重点是分析论述的观点是否合理，分析论证的依据是否充分，分析的条理是否清晰，书面表达的语言是否准确；读完一本书，需要反思学习过程，撰写学习经验总结，评价的重点为：是否有意识地分析了自己的学习过程，是否发现了自己学习的主要进步和收获，是否总结了主要的学习方法，是否提出了自己今后学习需要改进和注意的问题等。

2. 整本书阅读的应试性评价。

整本书阅读的应试性评价应以具体的情境为载体，以典型任务为主要内容，采用组合式测试材料，设置题组，综合考查阅读与鉴赏、表达与交流、梳理与探究。整本书阅读的应试性评价测试工具的设计思路有：指向素养的综合表现、侧重情境的有机统整、关注知识的迁移应用。

(二) 对教师，指向教师专业素养和教学能力的评价

可分为课程开发、教学设计、教学组织与资源整合四个维度，见表4-3。

表4-3 整本书阅读教师维度评价表

评价维度	具体指标	等级
课程开发	1.明确的课程规划 2.课内与课外相结合 3.形成阅读成果	优秀、良好、合格、不合格
教学设计	1.配套的伴读学程 2.明确的教学内容 3.合宜的教学活动 4.多元的评价方式	优秀、良好、合格、不合格
教学组织	1.分阶段阅读任务 2.分阶段阅读活动 3.分阶段阅读评价	优秀、良好、合格、不合格
资源整合	1.书册文学价值的解读 2.书册教学价值的确定 3.跨媒介阅读的选择	优秀、良好、合格、不合格

（三）对学校，指向校园文化与校本课程建设的评价

学校维度，可以有硬件与软件两方面的评价：一方面从硬件而言，学校图书馆的藏书量、藏书内容；班级读书角的藏书量和藏书内容及学生每周校内的阅读时间。这些都可以实际测量。另一方面从软件而言，与书册阅读教学相关的校本课程开发、校园戏剧节诵读节、校园社团等等，墨迹书香反映了一所学校的校园文化建设。

（北京教育学院　胡春梅）

第二节　教学案例:《论语》

新课标"课程性质"中指出:"普通高中语文课程,应使全体学生在义务教育的基础上,进一步提高语文素养,形成良好的思想道德修养和科学人文修养,为终身学习奠定基础,为传承和发展中华文化、增强民族凝聚力和创造力发挥独特的功能。"[①]教师在教学中应注重全面提高学生的语文素养,充分发挥语文课程的育人功能,在构建开放、有序的语文课程中,促进学生均衡而有个性地发展。注重学生对文本的独立阅读能力的培养,形成个性化解读,提高学生的语文核心素养,使学生获得全面的可持续发展的学习能力。

"基本理念"中指出,语文课程要坚持立德树人,增强文化自信,充分发挥语文课程的育人功能;加强实践性,促进学生语文学习方式的转变。语文学科核心素养包括"语言建构与运用""思维发展与提升""审美鉴赏与创造""文化传承与理解"四个方面。文化传承与理解是指学生在语文学习中,继承和弘扬中华优秀传统文化、革命文化、社会主义先进文化,理解和借鉴不同民族和地区的文化,拓展文化视野,增强文化自觉,提升中国特色社会主义文化自信,热爱祖国语言文字,热爱中华文化,防止文化上的民族虚无主义。

作为高中语文课程内容的"整本书阅读与研讨"学习任务群,旨在引导学生通过阅读整本书,拓展阅读视野,建构阅读整本书的经验,形

---

① 中华人民共和国教育部:《普通高中语文课程标准》(2017年版2020年修订),人民教育出版社,2020年版,第1页。

成适合自己的读书方法，提升阅读鉴赏能力，养成良好的阅读习惯，促进学生对中华优秀传统文化、革命文化、社会主义先进文化的深入学习和思考，形成正确的世界观、人生观和价值观。

一、教学目标

学生从小学以来接触过的《论语》文本、已有的文言文知识及阅读《论语》整本书的困难，可以帮助教师确定《论语》的教学目标。

从学生的优势来看，有三点：一是学生初中已经接触过《论语》，并不陌生。另外，对初中教材中编选的部分章节，学生已经烂熟于心。对孔子其人也有所了解，对《论语》的体例、主要内容也有大概的了解。这是开展整本书阅读的良好基础。二是《论语》中"教与学""孝""交友"等内容贴合学生的日常生活，而且具有指导意义，便于学生理解和接受。三是《论语》的表现形式为语录体，语言简短明了，学生易于记诵。

从学生的劣势来看，《论语》是一本文化论著，其包含的哲学思想深厚，文言语言又与学生有时代距离，而且高一学生还没有建立起关于整本书阅读的积极经验和策略。因此，借《论语》整本书阅读与研讨，帮助学生探寻并初步建立阅读整本书的经验是本次教学的提升点。《论语》的教学目标确定为以下四点：

第一，通过阅读《论语》，了解相关的文学文化常识，识记重要的语录及成语并熟练掌握其意思，了解并体会书中孔子的重要思想和价值取向。

第二，体验独立阅读的过程，结合当今社会生活现象，思考《论语》思想的现实意义，发展思辨能力；并在此过程中，学习和掌握正确的思考问题的方法，在交流研讨中提高表达能力。

第三，在阅读过程中，初步建构自己阅读整本书的方法和策略，并与其他同学交流，总结、归纳文化论著的阅读路径。

第四，汲取《论语》的思想精髓，提升学生对中华民族文化的认同感、自豪感，增强文化自信，在传统文化的熏陶中树立正确的人生观，提高为人处世的思想修养，激发研读传统文化经典的热情，更好地继承和弘扬中华优秀传统文化。

二、教学资源

《论语》的教学资源，主要从《论语》的文学价值、教学价值及已有的相关阅读策略三个方面阐述。

（一）《论语》的文学价值

《论语》记录了孔子及其弟子的言行，采用语录体的体例。在这种体例下，孔子及其弟子的形象栩栩如生，跃然纸上。通过孔子和弟子们讨论"仁""孝""为政"等各个话题，孔子既呈现出他的大智慧，又和蔼可亲、循循善诱。这个伟大的哲学家和教育家的形象给读者留下了深刻的印象。还有孔子的弟子们的形象，如颜回好学守仁的形象、子路直率鲁莽的形象、宰我能言善辩却不通人情世故的形象等，都在一言一语中呈现出来，使读者如见其人，如闻其声。

《论语》集中反映了孔子在哲学、政治、文化、教育等方面的思想，是记载孔子言行和思想的一部权威著作，也是儒家思想的奠基之作。《论语》中强调的仁、礼是和谐社会的杠杆，该思想对中国社会发展影响重大，在世界范围内也有相当重要的影响。

（二）《论语》的教学价值

《论语》是一部大家公认的思想性和文化性极强的论著。再者，孔子重视德育，重视人的道德修养的提升，这在《论语》中体现得很充分。因此，在"立德树人"的教育目标下，《论语》优秀的思想内涵与深刻意义，如治学观、交友观、孝道伦理的思想等，在帮助青少年学生树立正确的世界观、人生观、价值观方面有着积极且不可忽视的重要作用。

《论语》是语录体，道理深刻而语言通俗浅近，贴近日常生活，易于传诵，便于在日常生活中操作实施。教师在组织开展《论语》整本书阅读的过程中，只要有效地挖掘书中优秀的思想文化精华，灵活地加以设计和运用，使之与学生个体经验相结合，就可以在一定程度上指导学生理解孔子的优秀思想，并提升学生的文化自信，增强学生继承和发扬中华优秀传统文化的意识。

（三）整本书阅读策略的研究

中考与高考都会涉及整本书阅读的内容，整本书阅读教学的目标一定要高于考试要求。从培养学生语文素养着眼，调动阅读兴趣、学习阅读策略、养成阅读习惯才是根本目标。目前的语文教学，有关语言要素、文章鉴赏的学习非常多，而有关阅读策略的指导相对较少。学生的阅读能力不是教师讲出来的，而是在"学阅读"和"从阅读中学习"的过程中培育的。在阅读一本书的同时，教师提醒阅读理解策略才能对学生的理解有所帮助，才能让学生学会阅读的方法。

在读一本书时，根据不同的阅读目标，有浏览、精读、品读、扫读、跳读和回读。每一种阅读策略，都可以详细分析何时读、如何读、为什么读。我们获取文本意义时，需要精读；了解文本结构时，用的是浏览。在阅读过程中，解决阅读障碍时需要回读，增添审美情趣时需要品读。不同的阅读目标，就有不同的阅读策略。

同样，不同的书籍有不同的内容和不同的形式，读者采用的阅读策略也不同。如预测、联结、提问、图像化、推论、找出重点、监控理解等[1]。这些策略有时单一使用，有时综合运用。例如，在一部小说当中，小说的开篇就告诉读者18条信息：文体、腔调、情绪、措辞、视角、叙述的在场、叙述的态度、时间框架、时间的掌控、地点、母题、主题、嘲讽、节奏、步速、期望、人物和导读。[2]当然，不会在每

---

[1] 赵镜中：《教会学生阅读》，《小学语文教学·会刊》，2011年1月。
[2] 托马斯·福斯特：《如何阅读一本小说》，梁笑译，南海出版公司，2015年版，第31—40页。

个第一页都找到上面的元素，但是其中绝大部分会呈现出来，将组成相当多的信息。成熟的阅读者，业已掌握阅读策略，能够调动已有的经验知识参与阅读。在遇见阅读困难时，运用阅读策略去解决，阅读才是有效的。

吴欣歆教授以国际上普遍讨论的达成阅读理解的策略、实现阅读监控的策略、积极阅读者使用的策略为参照，结合汉语阅读的特点，整合我国传统的读书方法，针对整本书阅读大致梳理出五种基本策略：内容重构、捕捉闪回、对照阅读、跨界阅读、经典重读。[①]除此之外，一本书的文体特征指出了阅读教学的方向。例如，《海底两万里》应该突出科幻小说的科学性、幻想性和文学性，而《西游记》则应突出神魔小说的叙事特征及对现实社会的变形。这样，学生便能够学习依据文体特征把握名著内容的阅读方法。

三、教学过程

（一）第一阶段：阅读准备

1. 阶段活动目标。

了解相关文学文化常识，并从总体上认识《论语》的价值与意义，为下一步的阅读奠定基础。

2. 阶段活动过程。

（1）情境活动设计。

举行以"资料大比拼，我是查阅王"为主题的分享交流会。

（2）具体实施。

➢ 正式开始内容阅读之前，给学生布置任务。

从网络上查阅与孔子及《论语》相关的资料。

小组合作，梳理自己查到的资料，并进行归类。（提示角度：孔子

[①] 吴欣歆：《培养真正的阅读者——整本书阅读之理论基础》，上海教育出版社，2019年版。

及其弟子的故事，成书经过，编纂情况，名家评点，地位与价值等）
➢ 交流会。
邀请同校的语文、历史等学科的五位老师作为评委，根据学生查阅资料的丰富程度及现场展示的情况，评选出"查阅王"，并给予奖励。
➢ 教师补充。
根据学生查阅资料的情况，教师分享自己查阅并梳理出来的相关论文资料，如李建国的《〈论语〉成书揭秘》等；提供书目资料，如李零的《丧家狗——我读〈论语〉》、钱穆的《论语新解》等。

（二）第二阶段：通读体验
1. 阶段活动目标。
完成对《论语》整本书的通读，初步感知文本内容，初步了解和体会孔子的思想；积累基础知识。
2. 阶段活动过程。
（1）通读，完成阅读任务单。
学生在自读的过程中，先结合教师设计的相关阅读任务，提高筛选信息、归纳概括和理解评价的能力。具体阅读任务单示例如下：
➢ 通用任务单：
文言基础积累：实词、虚词、古今异义词、词类活用、特殊句式、固定句式。
名言警句朗读打卡活动：每人每天一句，在微信上录音打卡。
➢ 批注/标记：
在有心得的地方批注自己的心得体会。
在有疑问的地方做好标记。

➢ 具体任务单（见表4-4）：

表4-4　《论语》阅读任务单

阅读范围	阅读任务	能力指向
学而篇	阅读过程中，按照下表完成摘录。 | 主题 | 原文 | |---|---| | 道德修养 | | | 教育思想 | | | 君子的人格模式 | | | 孝 | | | 其他 | | 找一找本篇中的成语。 摘录1—2个名言警句。（学习上、道德修养上） 交流自己的心得或疑问。	借助表格梳理文章内容，提高概括信息的能力。借助批注，记录、交流心得体会与疑问，同时也积累对自己有益的名言警句。借助选择本篇的成语，积累基础知识。
为政篇	阅读过程中，按照下表完成摘录。 | 主题 | 原文 | |---|---| | 为政 | | | 治学 | | | 君子 | | | 孝 | | | 孔子的学历 | | | 其他 | | 找一找本篇中的成语。 摘录1—2个名言警句。 交流自己的心得或疑问。	借助表格和思考问题，梳理文章内容，提高概括信息的能力。 借助批注，记录、交流心得体会与疑问。
八佾篇	集中概括孔子思想中的"礼"的内涵。	在疏通文义的基础上，根据主题进行摘录，然后概括"礼"的内涵。

续表

阅读范围	阅读任务	能力指向
里仁篇	阅读过程中，按照下表完成摘录。 | 主题 | 原文 | | --- | --- | | 仁 | | | 君子 | | | 孝 | | | 礼 | | | 其他 | | 交流心得或疑问。	梳理并摘录信息，归类整理。 交流所思所想，逐步形成学习/阅读共同体，养成习惯，提高自觉性。
公冶长篇	本篇中孔子评价了哪些人？如何评价的？从本篇中，你看出孔子是怎样的一个人？本篇反映出孔子的哪些思想？	理解文句内容，梳理主题。
雍也篇	阅读过程中，按照下表完成摘录。 | 主题 | 原文 | | --- | --- | | 颜回 | | | 中庸 | | | 恕 | | | 仁 | | | 孔子 | | | 其他 | | 概括：如何为政？如何培养仁德？ 批注、交流心得体会和疑问。	借助表格和思考问题，梳理文章内容，提高概括信息的能力。 借助批注，记录、交流心得体会与疑问。
述而篇	本篇涉及孔子的哪些教育思想？ 孔子提倡什么样的学习态度？ 和上一篇的内容整合：如何培养仁德？ 和上一篇的内容整合：真实的孔子是怎样的？	借助问题梳理和概括文本内容。关注两篇中的相关内容，学会整合。

续表

阅读范围	阅读任务	能力指向
泰伯篇	孔子对泰伯、尧、舜、禹是如何评价的？反映出孔子的什么思想？ 如何为人处世？ 如何为学？如何为政？ 君子应具备什么品格？ 注意：相似的主题，要和其他篇整合。	借助问题梳理和概括文本内容。关注本篇相关内容和以往各篇内容的相关性，学会整合。
子罕篇	从本篇中，你认识到一个怎样的孔子？还了解到孔子的哪些思想？ 请按照一定的主题类别，整理本篇中的名言警句，并与同学交流。	借助问题梳理和概括文本内容。
乡党篇	本篇内容涉及哪些方面的具体的"礼"？	培养筛选信息和分类归纳的能力。
先进篇	在本篇中，孔子是如何评价他的弟子们的？与前面的哪一篇可以对照着阅读？ 这些评价中，反映出孔子的什么思想？	对照以前相应的篇章，理解文句内容，梳理概括。
颜渊篇 子路篇	阅读过程中，按照下表完成摘录。 | 主题 | 原文 | |---|---| | 仁 | | | 为政 | | | 君子 | | | 交友 | | | 辨惑 | | | 其他 | | 概括相应主题下的语录内容所反映出的孔子思想。（注意和前文相关内容整合）	继续完成梳理、整合的任务，提升筛选和概括能力。

续表

阅读范围	阅读任务	能力指向
宪问篇	本篇中孔子对人物的评价，与以前篇章中对人物的评价有什么不同？这里面反映出孔子的何种思想？参考下面的表格完成梳理。 { 主题 | 原文 } { 君子 | } { 为政 | } { 处世之道 | } { 其他 | }	阅读中随时整合相似内容，同时，也要培养对不同内容的辨析能力。
卫灵公篇	集中概括"君子"的内涵。	在疏通文义的基础上，根据主题进行摘录，然后概括"君子"的内涵。
季氏篇	从孔子对弟子的批评中，你了解到什么是为臣之道？ 君子的修炼应该注意什么？ 孔子如何品评人的等级？ 孔子对儿子的教诲是什么？陈亢的三得是什么？反映出孔子什么样的形象？	将本篇章中的"君子"与上一篇章中的"君子"加以整合；同时，学会从零散语录中了解孔子的言行思想，认识人物形象。
阳货篇	本篇中有哪些相关的主题？ 预设：孔子欲入仕；仁；学；礼乐；德；君子等。 将相关内容和前面的篇章内容进行整合、提炼。	根据内容提炼概括主题，同时继续培养、提升同类内容的归纳整理和提炼能力。
微子篇	本篇涉及哪些人？ 这些人对孔子是何种态度？孔子对他们又是何种态度？ 与上篇相比较，你看出了孔子怎样的处世之道？	问题引领，理解内容并整合信息，进而理解孔子的思想。

续表

阅读范围	阅读任务	能力指向
子张篇	本篇记录了孔子的哪些弟子的言论？ 涉及哪些主题？ 这些言论反映出孔子的什么思想？	问题引领，理解内容并整合信息，进而理解孔子的思想。
尧曰篇	交流疑问，熟悉本篇的内容。 概括与整合：本篇讲了哪些主题/思想？ 请把这些内容和前面的相关内容加以整合。	充分利用工具书，理解文本内容，继续完成概括和整合的任务。

（2）书签制作与分享。

➢ 请根据阅读中自己积累的成语、名言警句，自行设计书签，每人5枚。

书签的内容要求：文字选择书中的成语、名言警句；根据文字内容，设计图画。

（见教学成果一：书签作品）

➢ 书签分享。

上交自己最得意的一枚书签，评比出最具创意的书签设计。

赠送亲朋好友，并说明赠送理由。

放到展厅的书签漂流区。

（3）书法比赛。

➢ 硬笔书法，抄写论语中的句子（确定一个主题，比如"道德修养"）。

➢ 请美术、书法和语文老师担任评委，评选出优秀作品，进行校内展览。

（三）第三阶段：检视发现

1. 阶段活动目标。

检视《论语》整本书通读过程中的问题，集中解决疑难问题，深入理解孔子的思想；多种形式结合，提升自我认识。

2. 阶段活动过程。

第一部分　交流感受，解答疑难

- 目标

重点突破疑难问题，厘清相关内容，正确理解孔子的基本思想。

- 流程

第一步，布置任务：小组内收集疑难问题。

第二步，甄选学生疑难问题中具有普遍性的典型问题并进行分类，组织课上交流、答疑。（课内教学设计见附录）

第三步，学生完成相应的课下反馈作业。

- 评价

提交疑难问题的积极性；

所提问题的典型性；

参与交流的程度；

作业完成情况。

第二部分　读写结合，加深认识

- 目标

通过完成集中某一主题的相应的读写任务，加深对孔子思想的认识与理解。

- 流程

首先，布置练习题，进行读写结合的训练。例如：

★请结合例子谈谈你对"杀身成仁"的理解。不少于180字。

★结合现实，谈谈你对"中庸"思想的认识。不少于180字。

★班里要设计一期以"高一的学习"为话题的板报。请结合同学们的学习情况，从下面的《论语》选文中任选一句，并据此写一段寄语与大家共勉。要求：正确理解所选句子的意思，内容有针对性，能自圆其说。

①知之者不如好之者，好之者不如乐之者。

②古之学者为己，今之学者为人。

③工欲善其事，必先利其器。
④欲速则不达。

其次，进行课上讲评：反馈学生的作业问题，并通过适当讲解，加深学生对孔子思想的理解。

最后，指导修改作业。

• 评价

作业的上交情况及质量（根据微写作的评价标准判分）；

作业修改情况及改后的质量。

第三部分　情景表演，理解人物

• 目标

通过情景表演，揣摩人物性格，理解人物思想。

• 流程

指导学生分组，小组合作，各组从《论语》中选择比较生动的对话情景，改编成现代白话剧本。

根据人物对话，揣摩人物性格和心理，选择组员参与表演排练。

小组分别表演情景剧，各组间评比。

宣布评比结果，并颁发奖品。

• 评价

使用评价量表进行评价，见表4-5。

表4-5　评价量表

维度	语录选择	剧本改编	人物表演	道具	总分
细则	是否有对话，适合表演（5分）	改编遵从原著（2分） 改编后的内容合情合理（5分） 改编有新意（3分）	角色形象鲜明（3分） 角色表演自然（2分） 角色间配合默契（3分） 表演结构完整（2分）	选用道具（2分） 道具运用合理（3分）	30分

续表

维度	语录选择	剧本改编	人物表演	道具	总分
一组					
二组					
三组					

第四部分　辩中有论，学以致用

- 目标

①通过选择论题，培养批判性思维能力。

②通过辩论，辨析《论语》中所表达的思想，结合现实，更深入地理解此思想的现实意义。

- 流程

各组从《论语》中寻找论题，上交。

分组推荐自己的论题，根据大家的推荐，师生投票共同挑选出1—2个论题。

围绕论题，各组准备材料。

开展辩论赛。（除辩手外的其他同学当观众，有投票权；2—3位语文教师做评委）

- 评价

使用小组合作记录单进行评价，见表4-6。

表4-6　小组合作记录单

第（　　）组小组合作记录单			
选题			
选题	选题人	选用度（组内投票）	选中率（班级内评选）

续表

第（　　）组小组合作记录单			
交流选题和辩论赛			
人员	分工	监督人	打分
王一			
张三			
……			

【附录】"交流感受，解答疑难"教学设计

课题：学以何为？

【教学目标】

较为深入地理解孔子"学"的思想。

学会通过梳理和辨析来深入理解孔子思想的方法。

联系自身实际，端正学习态度，确立更高远的学习目标。

【教学重点】

深入理解孔子"学"的思想。

【教学难点】

通过梳理和辨析的方法深入理解孔子的思想。

【课时】1课时。

【教学过程】

环节一：导入。

导入语：同学们，在梳理大家的问题时，我发现大家的问题要么是结合自己的阅读所获而产生的疑问，要么是基于自己日常生活中的经验与认识所引发的疑问。这是正常的阅读思考和必要的阅读过程。解决这些疑问，就能让我们的阅读有真正属于自己的收获。

今天，我们就针对同学们的问题中一个典型而又有意义的问题来展开交流与讨论。这个问题就是：孔子思想中，"学"以何为？

【设计意图】

从学生问题呈现出来的特点出发，教师对这些问题的特点进行总结，让学生明白并确认自己的阅读路径正确与否，同时自然而然地引入本节课讨论的问题，过渡到下一个环节。

环节二：自由交流。

1.教师提出任务。

请学生根据自己阅读中所关注的关于"学"及其相关的语录，自由回答问题。

（预设）学习是为了做官/为政；学习是为了修身养性；学习是为了做到仁。

2.教师指导并适时点评。

关注学生的回答，引导学生回归文本内容找到原文依据，并找到更多丰富的佐证。

3.教师小结学生的交流内容，并鼓励学生提出疑问。

（预设）学习到底是为了修身养性，提高道德修养，还是做官，治理国家？

【设计意图】

在限定的问题下，教师引导学生根据自己的阅读所获，来寻找问题的答案，借机使他们学会梳理文本相关内容，总结概括出合适的答案。同时，学生也通过聆听其他同学的回答，与自己的思考和认识形成辨析，修正自己的认识或更进一步确认、增强自己的认识。

环节三：梳理归纳。

1.教师提供关于"学"的资料，并明确学习任务。

▲阅读资料，概括每则语录的主要内容，在旁边空白处简要批注。

▲梳理自己的批注内容，小组内交流，并一起思考、整理问题的答案。

▲按组发言。

2. 教师适时引导和点拨，鼓励各组之间的相互质疑或相互补充、完善。
3. 教师小结，并提供论文资料，帮学生进一步明确认识。

论文资料：

刘韶军《孔子学习思想的内涵及意义》

王云云《〈论语〉中的学习思想》

杜秋霞《孔子的学习思想和实践及其在现代高中语文教学的启示和应用》选文

4. 指导学生根据阅读收获，再次谈谈对孔子"学"思想中学习目的的认识。

【设计意图】

通过提供《论语》中相关的语录资料，教师引导学生完成梳理和辨析，辅助学生了解孔子的学习思想，明确学习的目的。再通过提供相关的论文资料，让学生自己通过阅读，了解研究者的观点及支撑论点的依据，甚至是关注到研究者思考和论述的过程，希望这些在帮助学生解答疑问的过程中，让学生感受到一种严谨的思辨逻辑。

环节四：联系自身。

1. 提出问题。

我们作为中学生，正是走在学习路上的学习者，那么你知道自己学习是为了什么吗？在了解了孔子的学习思想之学习目的后，你又有何想法或认识？请你谈一谈。

2. 组织学生发言交流，及时给予点评。
3. 师生一起小结并明确认识。

（预设）孔子思想中的"学"不仅仅是学习知识，更多的是学习为人处世的道理，学习道德修养，提升自我修养，追求心目中的"道"。在实际中，孔子还主张，学习中有优裕的时间就可以做官为政，具体实施自己的"道"，造福百姓；传扬自己的道，教化百姓。

【设计意图】

通过联系实际提出问题，教师引导学生从《论语》的学习进入到现实的思考，引发学生的共鸣，使学习落到实处，学以致用，而不是停留在理论的空谈层面。让《论语》的阅读和学习与学生的体验发生联系，这也是整本书阅读重要的阅读方法和策略。

环节五：布置作业。

思考与写作：

《论语》中关于"学"的思想，还对你有何启发？请结合你的学习经验谈一谈。要求：写在作业本上；字数不少于150字。

【设计意图】

这份作业是课堂思考的一个延伸，希望学生进一步思考阅读所获，并应用于自身的实际学习过程，进一步真正实现学以致用。

【教学评价】

课堂上的发言等表现；

作业完成情况。

（四）第四阶段：统整展示

1.阶段活动目标。

从整体上整合阅读的各个阶段活动设计，以集中的展示形式呈现阅读阶段性成果和最终的成果。

2.阶段活动过程。

（1）情景活动设计。

学校为丰富校园文化氛围，充分利用廊道、亭子、专业教室等，营造浓郁而丰富的文化气息。现又开辟出几个教室作为几个长期展厅，其中一个教室的展览主题是"中华优秀传统文化"。学校将这个展厅的设计任务交给了我们，现在你就是承担了这项任务的主要负责人，你会如何设计和布置呢？

（2）展出板块的具体要求，见表4-7。

表4-7　展板的内容及要求

展区项目	内容要求	形式要求
导语区	总体介绍《论语》及孔子	展板形式或文字墙形式； 图文并茂，图片与文字搭配和谐，以文字为主，图片为辅； 文字字体端庄典雅、颜色鲜明肃穆； 文字字号大小适中、醒目。
主体展区	孔子的核心思想 孔子及其弟子等核心人物	挂图或展板形式； 图文并茂，图文搭配恰当； 核心思想部分： 以文字为主，图片为辅； 核心字体的字号大于阐释文字部分的字号。 人物部分： 以图片为主，文字为辅； 文字字体端庄典雅，字号适中。
成果展示区	学生的学习成果：获奖书签、成语集锦、书法作品、名言警句等	实物展览： 展示的实物清晰、完整； 实物摆放美观，有创意； 实物摆放的位置要合理、安全。 电子展览： 滚动展览，速度和缓； 背景音乐要与整个展览和谐； 电子屏的主体风格要典雅。
活动区	书签漂流、评价《论语》、征文等	有足够的展示和活动空间； 有展台或写字台； 有卡片纸或便笺纸、笔及粘贴板； 有信纸、信封、笔及投稿信箱。
其他创意设计区	内容围绕《论语》和孔子	与整体的展览形式和谐统一。

（3）设计展位。

学生分组设计，上交图示，交流设计思路。（见教学成果二：展位设计图）

评选出最优的展位设计。

（4）布展，宣传，开展。

（北京市第九中学　王品）

四、教学成果

（一）书签作品

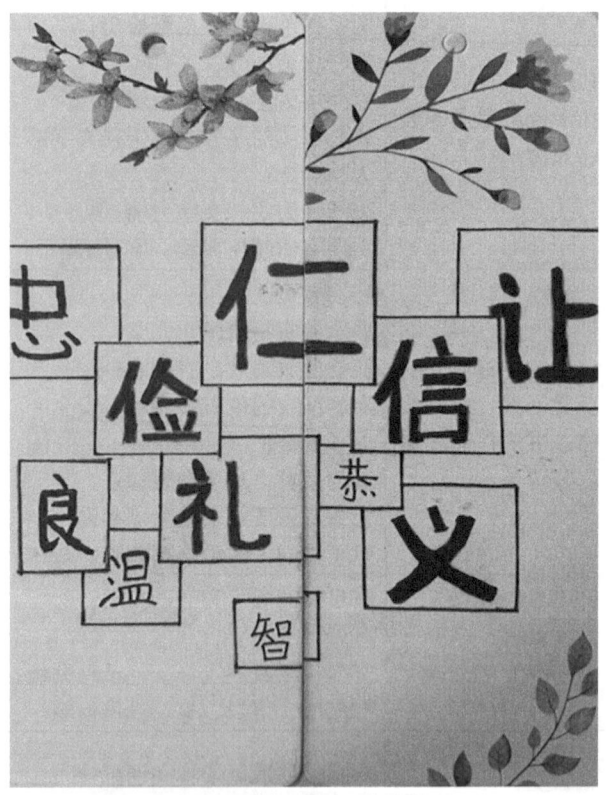

（北京市第九中学　刘然）

 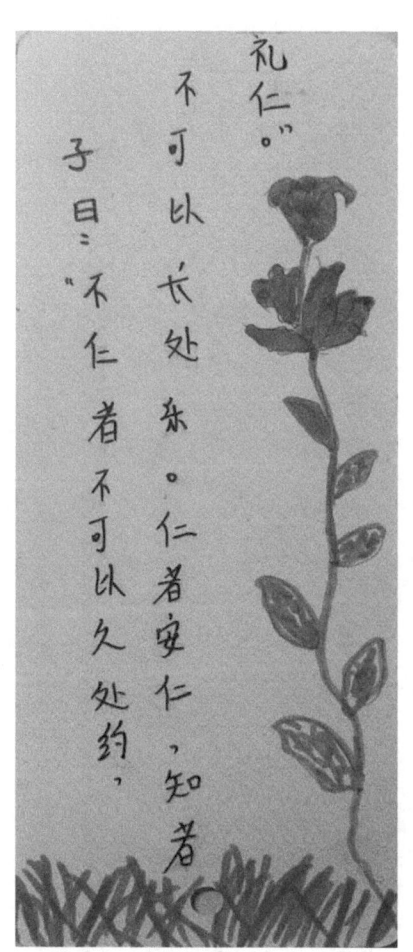

（北京市第九中学　李开盈）　　（北京市第九中学　凯丽比努尔·图迪玉素普）

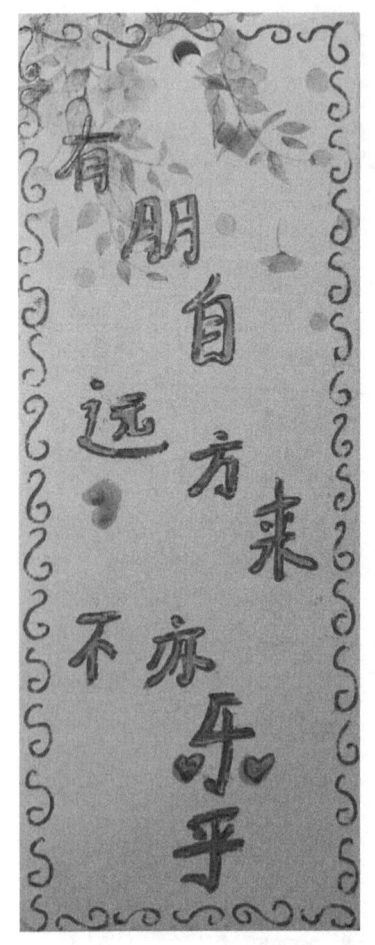

（北京市第九中学　乌丽番·马里克）

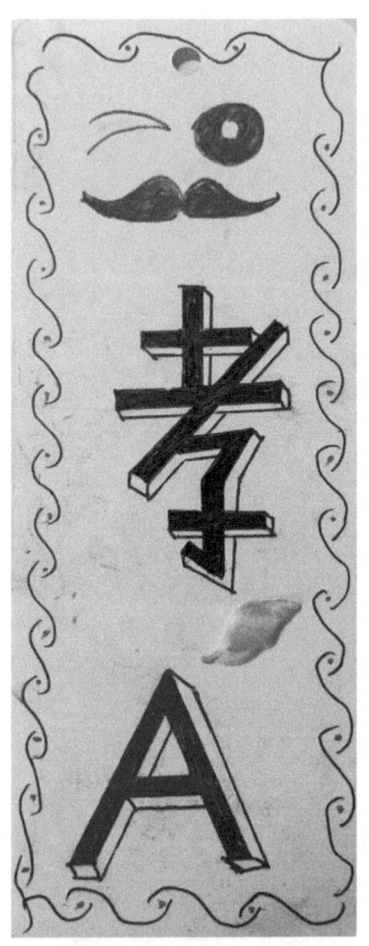

（北京市第九中学　热法提·米吉提）

（二）展位设计图

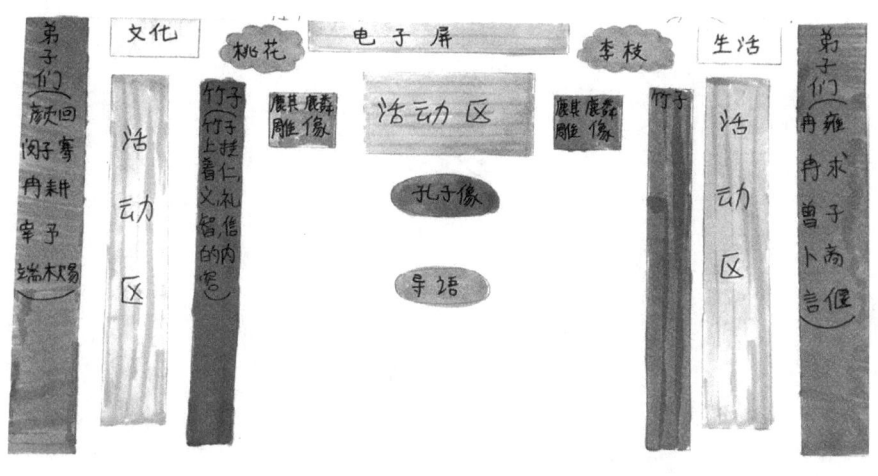

（北京市第九中学　阿依尼歌·吾买尔）

展览室设计图：

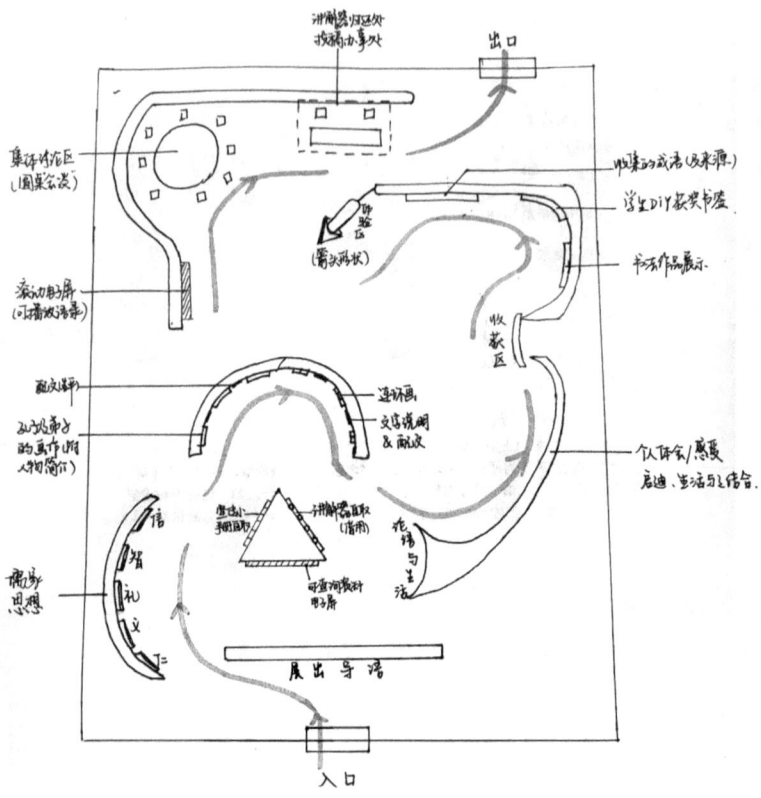

浏览路线：➡️

设计意图：将展览室布置为《论语》主题，一进门便可关注到"导语"部分，让大家对《论语》有初步的认识；半括号形的展板将儒家思想清晰展出；中间区域设有一个三角体的自助设施，可查阅资料、阅读小手册以及借用讲解器；在最后还设有讨论区可与大家一起交流心得与体会；出口处设有投稿处，以及归还讲解器。整个流程较为完整，可使人)深切体会到《论语》的魅力。

（北京市第九中学　岳千资）

第三节　专家点评：以学生为本实现整本书阅读

点评王品老师的《论语》整本书阅读教学案例，可以从以下几个方面来说一说。

第一，理解新课标精髓。

王老师的这一案例，无论是在"指导思想""教学分析"上，还是在"教学过程"及"附录"上，都体现了新课标的精髓。例如，在"指导思想"上，王老师抓住了新课标"课程性质"中的"形成良好的思想道德修养""为传承和发展中华文化、增强民族凝聚力和创造力发挥应有的作用"；"基本理念"中的"坚持立德树人，增强文化自信，充分发挥语文课程的育人功能""加强实践性，促进学生语文学习方式的转变"；以及"学科核心素养"中的"文化传承与理解"等。

在"教学过程"的"阶段活动目标"中，王老师提出"完成对《论语》整本书的通读"，并给出学习活动过程，以及在活动过程中多次提到"梳理"与"探究"（注意，王老师的"探究"往往是以问题引导来呈现的）。应该说，这些提法和做法，都非常符合新课标多次提出并强调的要点，如"通过阅读与鉴赏、表达与交流、梳理与探究等语文实践，积累言语经验，把握语文运用的规律，学会语文运用的方法，有效地提高语文能力……"（注意，新课标中的"梳理"一词出现了50次；"探究"一词出现了64次），反映出王老师对新课标的精神的充分理解及钻研，并且还能落实到具体的学习活动或实践中。

第二，做到"通读全书"。

王老师要求学生"通读全书"，做得非常周密、细致。例如，在

"第一阶段"的"阅读准备"环节,王老师要求学生上网"查阅与孔子及《论语》相关的资料",这就是"梳理"的学习活动。在"第二阶段"的"通读体验"环节,无论是对"文言基础"知识和"名言警句"的积累,还是对《论语》每一个篇章的阅读与理解、梳理与探究等,如提出的"阅读范围",给出的"阅读任务"和"能力指向"的表格设计,都做得非常详尽和到位。而这就是我们说的"读整本书"的底线要求。

在这里,特别值得一提的是王老师的"表中表"设计。例如,《学而篇》《里仁篇》《雍也篇》《颜渊篇》等中的"按照下表完成摘录"。我们知道,"梳理"的一个最重要的方法就是"分类"、"列表"、"统计"或"排序"。据我的观察,对专项的知识、常识也好,对专题或"整本书"的内容、材料也罢,只要一经"分类"、"列表"、"统计"或"排序",你就一定会对这些知识、常识或者内容、材料进行"观察、审视、聚焦、放大、比较、辨别、假设、想象、预测、质疑、推理、判断、确认"等"动作",而这后续的一系列"动作",就是我们所说的"探究"(探索研究,探寻追究)。有了这些"探究",便可以看出事物之间的差异(差别)与关联,就会思考什么样的表述、评价或结论是恰当的、合适的、合理的、正确的,甚至有些表述、评价或结论是具有"真理"的根本属性的;就能够学会"鉴赏"或"审美"等。因此,王老师这种"表中表"的设计值得大力提倡。

第三,进行"梳理"与"探究"。

我们既已知道"梳理"在前,"探究"在后;先行"梳理",才可"探究"这样一个学习或阅读的正确顺序,那么,我们就再来重点"梳理"并评价一下王老师表格中的这些"探究"的具体指向。

如《八佾篇》中的"集中概括孔子思想中的'礼'的内涵";《乡党篇》中的"本篇的内容涉及哪些方面的具体的'礼'?"。应该说,王老师对《论语》中这"两篇"的话题抓得非常准确。孔子提倡的"克己复礼",不仅是要规范自己在日常生活中符合礼仪,而且是对春秋末期"礼乐崩坏"的社会现象的痛心疾首。而符合一定的社会礼仪,既有其时代的局限性,又有其社会的发展性,这些,就不得不引发我们现代人做进一步的思考与探讨了。

又如《里仁篇》中的"君子"摘录；《泰伯篇》中的"君子应具备什么品格？"；《颜渊篇》《子路篇》中的"君子"摘录；《卫灵公篇》中的"集中概括'君子'的内涵"；以及《季氏篇》中的"君子的修炼应该注意什么？"；等等。这些，都涉及孔子定义的"君子人格"的标准要求与修炼途径。那么，以"学而优则仕"（《子张篇》）为办学目标，即以做官为目的与孔子极力培养的"君子"又有着一种怎样的联系？作为"君子"，其核心品质是什么？具体又可以从哪些方面来要求或塑造"自己"的"君子人格"呢？这些问题，不仅是要"梳理"清楚，也是要"探究"明白的。

第四，开展丰富的学习活动。

新课标不断强调语文学习是"实践"，是"学习活动"。什么是"实践""活动"？那就是老师要让学生自己去践行，自己去"活动"。从这一点上说，王老师这个教学案例体现得非常好！我们在整个的"教学过程"中，可以看到很多这样的字眼，"自读""筛选信息、归纳概括和理解评价""批注自己的心得体会""做好标记""完成摘录""梳理文章内容""交流自己的心得或疑问""归类整理""你看出孔子是怎样的一个人""如何为政？如何培养仁德""孔子提倡什么样的学习态度""整合信息""完成概括和整合的任务"；还会举办一些生动活泼、丰富多彩的学习活动，如"查阅王"比拼、"朗读打卡"活动、书签制作与分享、书法比赛、情景表演、开展辩论赛。这些做法，都非常符合新课标中提出的教师的主要任务是"提出专题学习目标，组织学习活动，引导学生深入思考、讨论与交流"，而不是"以教师的讲解代替或限制学生的阅读与思考"；学生则是以"利用课内外时间自主阅读、撰写笔记、交流讨论为主"的提法。

总之，王老师的这份教学案例，可谓做到了"以教师为主导，以学生为主体"的境地，值得老师们去学习并实践。

（深圳市新安中学正高级教师 吴泓）

▷ 第五章 ◁

学习任务群教学实施

"语文学习任务群"是新课标提出的语文课程内容组织形式。与逐点解析学科知识、逐项训练学科技能的简单线性的传统教学方法不同，学习任务群"追求语言、知识、技能和思想感情、文化修养等多方面、多层次目标发展的综合效应"①。按照学习任务群要求组织的教学有助于学生在真实的语言运用情境下开展积极的言语实践活动，从而获得语言知识与语言能力、思维方法与思维品质、情感态度与价值观的整体提升，为学生成长为未来社会的合格公民打下良好基础。

2019年，统编高中语文教材（以下简称"统编教材"）正式投入使用。统编教材贯彻高中新课标的精神，以人文主题和学习任务群双线组元，以群文教学和专题学习为主要形式。"和以往同类教材相比，无论编写理念、结构体例，还是课文选取、内容设计，这套教材都有明显的变化与改进。"②

在课标和教材双重变革的背景下，高中语文教学变革是必然趋势。目前一线教师在设计与实施学习任务群的过程中主要存在三个问题：第一，对"学习任务群"这一概念理解得不够清晰；第二，对统编教材的设计意图把握得不够到位；第三，对学习任务群的实施策略掌握得不够丰富。本章将聚焦这三个问题，讨论学习任务群的设计与实施方法。

---

① 中华人民共和国教育部：《普通高中语文课程标准》（2017年版2020年修订），人民教育出版社，2020年版，第8页。
② 温儒敏：《统编高中语文教材的特色与使用建议——在统编高中语文教材国家级培训班的讲话》，《课程·教材·教法》，2019年第10期。

第一节　理论指导：任务导向下的典型言语实践[①]

学习任务群的有效设计与实施，需要教师在理解"学习任务群"的基本特点、把握统编教材使用方法的前提下，设计整合真实情境、典型内容、典型方法和必要资源的学习任务，引导学生在自主、合作、探究的言语实践活动中实现语文核心素养的综合提升。本节将在概念解读和教材分析的基础上，结合具体案例，讨论学习任务群的设计与实施方法。

一、语文学习任务群的概念解读

为了科学地设计与实施学习任务群教学，语文教师首先要正确理解"语文学习任务群"这个概念。"'语文学习任务群'以任务为导向，以学习项目为载体，整合学习情境、学习内容、学习方法和学习资源，引导学生在运用语言的过程中提升语文素养。若干学习项目组成学习任务群。"[②]这涉及"学习任务群""任务""学习项目"三个概念，我们有必要明确三者之间的关系。新课标提出了18个学习任务群，每个任务群的学习目标与内容及教学提示是其教学设计与实施的根本依据。教师需要根据新课标中某个学习任务群的要求，结合具体内容和情境设计学习项目，学生在完成学习项目的过程中落实学习任务群的目标。

[①] 本部分参照张琨：《语文学习任务群：情境、内容、方法、资源的整合》，《北京教育学院学报》，2021年第4期。略有改动。
[②] 中华人民共和国教育部：《普通高中语文课程标准》（2017年版2020年修订），人民教育出版社，2020年版，第8页。

也就是说,"学习项目"是学习任务群的具体实施形式,而学习项目的具体目标又是通过若干学习任务达成的,"学习任务"是学习任务群的基本单位。

需要注意的是,这里的"任务"既不同于真实社会中的工作生活任务,也不同于传统的语文学习活动。"一项学习任务一般应具备以下几个特点:①目的性,即语文学习活动是为了实现一项语言表达或交际目的而采取的主动的、有意义的活动,而不是盲目地学习或仅仅为获得考试成绩。②真实性,即无论是语言学习的情境、材料,还是面对的交流对象,都应具有一定的真实性,至少应与日常生活中实际的语言实践活动相似或相关。③过程性,在完成任务的过程也就是实践的过程中获得发展,而不是仅仅知道结论。④整体性,即在一个单位时间里(比如一节课),围绕一项语文学习任务,完成完整的语言实践活动,而不是完成毫无关联的碎片式学习。"[1]

例如,"实用性阅读与交流"任务群规定了社会交往类、新闻传媒类和知识性读物类三种学习内容,教师可以选择新闻传媒类内容,设计"编辑'反法西斯战争胜利×周年'纪念特刊"这个学习项目,按照编辑纪念特刊的常规流程,分成四个环节——纵览抗战风云:草拟"纪念特刊"策划方案;重返历史现场:尝试为报纸编辑一个版面;抚摸一个个不朽的灵魂:写小传,做专访;聆听穿越时空的声音,反思战争:读新闻评论,学写评论。每个环节之下再分设若干任务,如环节一设两个任务:"①请同学们上网查阅资料,了解世界反法西斯战争及其胜利过程。②浏览一份近日的报纸,了解报纸的排版形式及各版面的内容。以小组为单位,草拟一份'反法西斯战争胜利74周年纪念特刊'的策划方案,并进行小组分工,启动报刊编辑工作。"[2]

这两个学习任务明确指向策划方案的完成,学习情境和材料具有真

---

[1] 郑桂华:《高中语文学习任务群的教学建议》,《中学语文教学》,2017年第3期。
[2] 王岱:《铭记历史,珍爱和平——"实用性阅读与交流"任务群之新闻专题教学设计》,《语文建设》,2019年第8期。

实性。学生在完成任务的过程中亲历了自主查找背景资料、分析报纸形式与内容、合作撰拟策划方案的过程，了解了世界反法西斯战争和报纸的相关知识，培养了做事前整体规划的能力，符合新课标强调的"在语文实践中培养学生的语言文字运用能力"的理念。与传统的问答式或传授式活动相比，这样的学习任务显然更能激发学生兴趣，培养学生自主学习的能力，更有利于学生综合素养的形成。

除了正确理解"学习任务群"的内涵，我们还有必要对新课标提出的18个任务群进行整体把握。这18个任务群既具有相对的独立性，又在培养目标、学习内容、学习方式等方面存在交融和进阶的关系。我们既要打通任务群之间相互交融的部分，避免重复活动，又要关注任务群之间的纵向进阶要求，避免原地踏步。

1. 利用任务群之间的融通，实现互相补充和促进的功效。

例如，"整本书阅读与研讨"任务群的学习目标与内容、学习方法与多个任务群融通照应。从目标内容来看，"反映中华优秀传统文化、革命文化和社会主义先进文化的作品"这一要求与"中华传统文化经典作品研习""中国革命传统作品研习"等任务群照应；"阅读一部长篇小说"的要求与"中国现当代作家作品研习""外国作家作品研习"等任务群照应；"阅读一部学术著作"的要求和"实用性阅读与交流""科学与文化论著研习"等任务群照应。"整本书阅读与研讨"的学习方法则更具普遍意义，例如"根据不同的阅读目的，综合运用精读、略读与浏览的方法阅读整本书""利用书中的目录、序跋、注释等，学习检索作者信息、作品背景、相关评价等资料""在反复阅读过程中，每读一遍，重点解决一两个问题""阅读要有笔记，记下自己思考、探索、探究的心得"[①]等，对各类书籍来说都是有效的阅读方法。

2. 关注课程目标的分解，实现认知思维的进阶发展。

例如，"语言积累、梳理与探究"任务群贯串在必修和选择性必修两

[①] 中华人民共和国教育部：《普通高中语文课程标准》（2017年版2020年修订），人民教育出版社，2020年版，第11—12页。

个学段，在必修阶段侧重于培养学生有序积累语言材料、自觉梳理语言现象、自主探究语言规律的能力；在选择性必修阶段则侧重于训练符合逻辑思维的语言运用能力。而选修阶段的"汉字汉语专题研讨"，则是在"语言积累、梳理与探究"的基础上凸显理性认识，利用之前积累的语言材料和言语实践经验，针对汉字或汉语的某个问题，着重训练学生的归纳梳理、综合分析能力。从必修、选择性必修阶段的"研习"到选修阶段的"专题研讨"，引导学生在观察分析语言运用现象、积累语言材料和言语实践经验的基础上，将个人经验再次实践于相似或相关的内容中，不断循环、提升，获得更加成熟的学习方法，建构更加科学的语言运用规律。

二、依托统编教材实施语文学习任务群的方法

统编教材贯彻新课标的理念，利用教材自然单元进行教学应成为语文学习任务群的主要实施路径。统编高中语文教材以人文主题和学习任务群双线组元，其中必修和选择性必修阶段教材各单元与学习任务群的对应关系如表5-1所示。

表5-1 统编高中语文教材各单元与学习任务群的对应关系

单元	必修（上）	必修（下）	选择性必修（上）	选择性必修（中）	选择性必修（下）
一	文学阅读与写作（一）	思辨性阅读与表达（二）	中国革命传统作品研习（一）	思辨性阅读与表达（四）	中华传统文化经典研习（三）
二	实用性阅读与交流（一）	文学阅读与写作（四）	中华传统文化经典研习（一）	中国革命传统作品研习（二）	中国现当代作家作品研习
三	文学阅读与写作（二）	实用性阅读与交流（二）	外国作家作品研习（一）	中华传统文化经典研习（二）	中华传统文化经典研习（四）

续表

单元	必修（上）	必修（下）	选择性必修（上）	选择性必修（中）	选择性必修（下）
四	当代文化参与	跨媒介阅读与交流	语言积累、梳理与探究（二）	外国作家作品研习（二）	科学与文化论著研习
五	整本书阅读与研讨（一）	实用性阅读与交流（三）			
六	思辨性阅读与表达（一）	文学阅读与写作（五）			
七	文学阅读与写作（三）	整本书阅读与研讨（二）			
八	语言积累、梳理与探究（一）	思辨性阅读与表达（三）			

统编教材设计了读写单元和综合实践活动单元两种组织形式。在进行单元教学设计时，应该了解不同形式单元的编排意图，明确本单元所对应任务群的学习目标和内容、学习方式等总体要求，然后根据单元具体内容设计以任务驱动的单元整体教学活动。

（一）读写单元的使用方法

以课文或整本书为基础的读写单元，主要栏目和设置意图如表5-2所示。

表5-2　高中语文统编教材读写单元的主要栏目和设置意图

主要栏目	设置意图
单元导语	介绍单元主题、选文情况和核心任务
课文	根据学习任务群的要求，依据课文的内容和写法特点进行组合
学习提示	提示单篇文本的学习要点和方法
单元学习任务	凸显单元人文主题，整合学习内容，分项落实核心任务

我们需要根据单元导语明确这一单元的人文主题与核心任务，根据单元学习任务把单元核心任务分解成若干具体任务，创设一个能够统摄整单元学习的任务情境，根据学习提示明确每一课的学习重难点，整合学习内容，将学习内容转化为学习任务，并提供相应的学习资源。

例如，统编版语文教材高中必修上册第一单元的人文主题为"青春的价值"，对应的学习任务群为"文学阅读与写作"。由单元导语可知，本单元的核心任务为对作品意蕴的理解和对青春价值的思考，以及"诗歌意象与抒情""小说叙事与抒情""诗歌写作"等呼应"文学阅读与写作"任务群的学习内容。单元课文包括五篇诗歌和两篇小说。单元学习任务有四个，分别指向个人生活体验、诗歌赏析、小说赏析和诗歌写作。我们可以为整个单元的学习活动创设"校园朗读者·青春的价值"情境，根据"校园朗读者"活动组织与实施的流程将整个单元的学习分成"学习准备（感受·多彩的青春）""嘉宾招募（表达·我的青春）""组织展演（展示·青春的价值）"三个阶段。然后，在整个单元学习内容的基础上，为每个活动阶段分配明确的学习内容，例如"学习准备"阶段的学习内容为"诗歌意象与抒情""小说叙事与抒情""文学作品朗读"。接下来就要围绕不同的学习内容，设计能够引发学生兴趣又能落实学习目标的学习任务。例如，"小说叙事与抒情"这一内容的任务可设计为：①写一份朗读背景解说词。要求阐释以《百合花》《哦，香雪》影片中小战士、香雪的形象为朗读背景的理由。②完成一篇小说欣赏札记。要求写作内容重点是小说的抒情效果。[①]

（二）综合实践活动单元的使用方法

综合实践活动单元的主要栏目和设置意图如表5-3所示。

[①] 纪秋香：《吟唱青春　拥抱未来——统编高中语文教材必修上第一单元教学建议》，《中学语文教学》，2020年第2期。

表5-3　高中语文统编教材活动单元的主要栏目和设置意图

主要栏目	设置意图
单元导语	介绍单元主题和核心任务
学习活动	导入活动情境，提示活动目标、内容与形式
学习资源	提供方法、材料和工具的示例

综合实践单元的教材中已经提供了学习目标、学习活动、学习情境、学习内容、学习方法和学习资源。教学时应仔细研读教材内容，在此基础上整合学习活动和学习资源，创设整体情境，调整活动表述和顺序，增加学习活动的真实性和整体性。

例如，统编版语文教材高中必修上册第八单元"词语积累与词语解释"，对应"语言积累、梳理与探究"任务群。单元学习目标与学习活动的对应关系如表5-4所示。

表5-4　必修上册第八单元学习目标与学习活动的对应关系

学习目标	学习活动	
了解汉语词语的特点，通过多种方式积累词语	一、丰富词语积累	1.了解词语"家族"，让积累更加有效
		2.丰富熟语积累，让语言多姿多彩
		3.关注新词语，让语言鲜活生动
把握词义变化的规律，认识古今汉语的联系和差异	二、把握古今词义的联系与区别	1.探究一词多义现象
		2.把握古今词语的不同
		3.避免以今律古，望文生义
学习辨析词义的方法，探究语言表达中词语选择的艺术，提高理解和运用词语的能力	三、词义的辨析和词语的使用	1.准确理解词义，把握词语的用法
		2.体会词语的感情色彩
		3.把握词语的语体色彩

每个小活动的说明中都提供了活动情境、学习内容和学习方法，方便教师直接使用。例如，"丰富熟语积累，让语言多姿多彩"的活动说

明可做如下分析，如表5-5所示。

表5-5 "领略成语魅力"主题活动说明分析

活动情境	学习内容	学习方法
"领略成语魅力"主题活动	成语的含义、出处，保留的古汉语特征和文化信息	1. 查找成语出处，注意考察成语中保留的古代汉语词汇、语法等方面的特征 2. 分类整理成语（如爱国、民本、诚信、荣辱、世情、师友、读书、岁月、动物、植物等，也可自己拟定），写一则语言札记

我们可以在教材的基础上进行再设计，比如为活动一"丰富词语积累"设置"认识词语家族"的整体情境，将"了解词语'家族'""丰富熟语积累""关注新词语"转化为三个任务："认识词语家族的成员——了解语素和词""听成语老人讲故事——探究成语文化内涵""词语家族新成员介绍会——分析新词语"，使三个任务更具整体性。

教材的学习资源栏目为学习活动提供了支撑材料，例如，吕叔湘先生的《语言的演变》主要是为了支持前面的第二项学习活动"把握古今词义的联系与区别"。"学生学习这篇文章，可以掌握几十个常见词语的古今义，可以了解词语演变的一些规律，可以借鉴作者梳理和归类的方法，还可以对望文生义的坏习惯产生警惕。"[①]教师一方面要在解读学习资源的基础上预设学生的阅读难点，做好学习资源的导读，充分发挥学习资源的价值；另一方面也要认识到教材中学习资源的有限性，为学生补充其他必要的学习材料。比如，学习资源中关于成语的内容很少，不足以支撑学生完成"领略成语魅力"的主题活动，需要补充关于成语结构特征和文化信息的文章或者工具书，为学生的自主梳理分析提供方法和例证。

[①]李煜晖：《学习资源类选文的价值功能和教学建议——以"词语积累与词语解释"单元为例》，《中学语文教学》，2019年第11期。

三、语文学习任务群的教学设计策略

学习任务群的设计应遵循情境性、整合性、典型性、实践性的基本原则,从创设真实学习情境、整合典型学习内容、提示典型学习方法、提供必要学习资源四个方面着手,引导学生在有效参与和自觉反思的过程中实现语文素养的提升。

(一)创设真实学习情境

"真实、富有意义的语文实践活动情境是学生语文学科核心素养形成、发展和表现的载体。"①何谓"真实、富有意义的语文实践活动情境"?

在学校教育的特定背景下,我们不可能也没有必要直接引进完全真实的社会生活情境。我们可以根据学生未来学习和生活中可能遇到的真实情境虚拟一个类似的情境。在此情境中,学生习得的知识、能力可以迁移到现实生活中,这样的情境就是"真实、富有意义的"。例如,在"跨媒介阅读与交流"任务群的学习中,可以设计"分析一组广告语言,设计一则产品广告"情境,引导学生分析广告语言运用的劝说策略,发现广告语中的谬误信息,发展学生的独立判断能力,并通过设计产品广告表达自己对劝说策略的理解。②学生未来可能不需要设计产品广告,但是判断广告内容真伪是真实的社会生活情境,表达中的劝说策略和辨别信息真伪的能力是他们日常学习生活中需要的。新课标建议从个人体验、社会生活、学科认知三个角度观察任务情境,由此观之,"分析一组广告语言,设计一则产品广告"能够给学生提供个人充分体验的机会,贴近学生生活,并且符合学科认知的思维方法,是一个有效的任务情境。

---

① 中华人民共和国教育部:《普通高中语文课程标准》(2017年版2020年修订),人民教育出版社,2020年版,第48页。
② 任明满、郑国民、王彤彦:《"跨媒介阅读与交流"的内涵、实施策略与挑战》,《语文建设》,2018年第10期。

在构建语文学习情境时，要注意虚拟情境的合理性，"既要还原知识产生与应用的具体背景，又要充分考虑知识与学习者已有经验的结合，以便促进学习者完善知识结构、提升关键能力"①。例如，在"科学与文化论著研习"任务群的学习中，"以科学家的身份谈谈研究和创作心得"这个情境就不如"以博物馆讲解员的身份介绍"或者"为这部著作撰写颁奖词"等情境合适。后两个情境更加贴近学生的学习生活经验，并且更加符合本任务群"体会和把握科学与文化论著表达的特点，提高阅读、理解科学与文化论著的能力"②的学习目标。

另外，学习情境还应该"能够引导学生广泛、深度参与"③。"广泛参与"是让每个学生都有事做、愿意做，要考虑情境是否能引发学生兴趣，符合学生能力，具有一定的开放性。"深度参与"是指让学生在活动过程中获得知识的丰富、能力的提升和认知的发展，要关注学生的学习起点和终点，设计具有导向性和规范性的学习成果。例如，统编版语文教材高中必修下册第八单元对应"思辨性阅读与表达"任务群，包含《谏太宗十思疏》《答司马谏议书》《阿房宫赋》《六国论》四篇文章，可以创设这样的情境：

"本班微信公众号拟开辟'读书专栏'，首批推送内容为唐宋论说名篇《谏太宗十思疏》《答司马谏议书》《阿房宫赋》《六国论》，每篇文章都需要如下内容：概要、提纲、特色点评、补充注释。作为编辑，请根据以上要求为每篇推送文章设计相关文本与图片内容。"④

对应这个情境，学生需要撰写读书笔记，制作文言实词、虚词和句式的积累卡，形成自己的思辨类文章"知识图谱"，基于"知识图谱"

---

① 陈晓波：《语文学习情境的建构：从教材设计到教学实施》，《中学语文教学》，2020年第6期。
② 同①，第25页。
③ 中华人民共和国教育部：《普通高中语文课程标准》（2017年版2020年修订），人民教育出版社，2020年版，第42页。
④ 吴欣歆、朱来青：《依托教材自然单元发挥学习任务群的综合效应——以高中语文必修下册第八单元为例》，《语文建设》，2021年第3期。

制定评价标准，并在此标准引导下完成写作和修改任务。学生在完成这一系列任务的过程中能够实现对课文理解的逐步深入，文言知识掌握的逐渐系统化及思辨性文章阅读与写作能力的逐渐提高。情境的趣味性、真实性、开放性、导向性等特点，在一定程度上保证了学生参与的广度与深度。

（二）整合典型学习内容

新课标提倡打破单篇限制，进行单元整体教学。以"学习任务群"为形式的教学，无论是依托教材自然单元的教学，还是整合教科书资源的教学，或者根据任务群目标设计的专题教学，都需要突出"整体"意识：在任务整体目标的统摄之下，整合典型的学习内容，分解到学习过程的各环节中，并将其转化为适合学生发展的言语实践活动。

例如，"实用性阅读与交流"任务群规定了"实用性文本的独立阅读与理解""日常社会生活需要的口头与书面的表达交流""掌握当代社会常用的实用文本""学习并运用新的表达方式""运用简明生动的语言，介绍比较复杂的事物，说明比较复杂的事理"等学习目标与内容，并建议了"社会交往类""新闻传媒类""知识性读物类"等具体学习内容。[1]如果结合"演讲"文体，将"实用性阅读与交流"任务群规定的这些学习内容整合分解，可以得到"演讲稿阅读与理解""演讲稿撰写""演讲展示""演讲方法提炼"四个学习内容，并将其转化为以下四个活动：

①通过研读范例，掌握演讲稿写作方法，并在语言活动中自觉实践应用。

②撰写演讲稿，将零散的素材有逻辑、有深度地组织成文，并面对全体学生进行演讲，训练学生的语言表达与交流能力。

③撰写演讲后记，自觉分析和反思自己在语文活动中的表现。

---

[1] 中华人民共和国教育部：《普通高中语文课程标准》（2017年版2020年修订），人民教育出版社，2020年版，第20页。

④根据听众反馈意见及讲评课的内容，修改演讲稿，打磨语言，从而形成关于语言应用的经验，并在之后的语文活动和学习中加以实践。①

（三）提示典型学习方法

在讨论学习方法之前，我们有必要先介绍两种学习路径：验证式学习和体验式学习。前者体现为教师直接给出观点，让学生在阅读中提取信息以证明其观点；后者体现为教师提供生成观点的路径和支架，让学生亲历探索知识和得出结论的过程。具体来说，在体验式学习中教师要"设计学习情境帮助学生亲身经历言语实践活动的完整过程，在这个过程中形成对知识与能力，过程与方法，情感、态度与价值观的体验，凝练出基本的知识结构，经由师生交流发现这一知识结构存在的问题，修改、完善、重新建构新的思考和认识。……在这样的过程中，学生不仅完成了学习任务的内容要求，而且优化了原有的认知图式，生成了新的行为程序和思想方法"②。这样的路径显然更符合学习任务群的理念。

学生需要亲历的知识探索过程应该是在原初认识过程中"选择关键的、有意义的环节，进行逻辑的、结构的、系统的、有目的展开的过程"③。也就是说，活动设计应该能够提示典型的学习路径和必要的学习支架，帮助学生以自主与合作的方式进行知识的探究。

例如，在"语言积累、梳理与探究"任务群中，围绕认识词义引申规律的学习目标，可以设计如下学习活动：

①组词造句，搜集语料。请列出"绝"的现代例词和古代例句。

②辨义归类，提炼义项。请辨明语料中"绝"的意义，将意义相同或相近的语料进行归类，提炼出"绝"的各个义项。

---

① 杜思聪：《路上的风景——"实用性阅读与交流"任务群之演讲活动设计》，《语文建设》，2019年第8期。
② 吴欣歆：《高中语文学习任务群教学笔记》，北京师范大学出版社，2020年版，第36—37页。
③ 郭华：《带领学生进入历史："两次倒转"教学机制的理论意义》，《北京大学教育评论》，2016年第4期。

③建立联系，沟通古今。

《说文解字·糸部》："絕，断丝也。从糸从刀从卩。"段注："断之则为二，是曰绝。引申之，凡横越之曰绝，如绝河而渡是也。又绝则穷，故引申为极，如言绝美、绝妙是也。"[1]

请根据《说文解字》和段注对"绝"的解释，确定"绝"的本义，从本义出发探寻其他义项的引申理据，并用结构图的形式呈现其词义引申过程。

④了解规律，应用检验。词义引申的基本规律有：辐射式引申和链条式引申；相似引申和相关引申；从个别到一般，从具体到抽象，等等。（具体解释略）请据此分析"绝"的词义引申规律。

以上四个活动分别对应"收集语言材料—梳理语言现象—提炼语言规律—运用语言规律"四个环节，在探索语言规律的研究过程中起着关键作用，并且排序符合学术逻辑，提供了必要的路径和支架，可以比较有效地引导学生发现词义引申规律，丰富探究语言规律的实践经验。

（四）提供必要学习资源

"语文课程资源形式多种多样，可以是纸质文本，也可以是多媒体资源、网络资源。……自然风光、文物古迹、革命传统、风俗民情、国内外的重要事件、学生的家庭生活，以及日常生活话题等"，"语文学习过程中随时生成的各种话题、问题、拓展材料以及学生成果等"[2]，都可以成为语文课程的资源。

统编教材本身提供了丰富的学习资源，我们应该结合任务需要和学生情况选择必要的学习资源，并且注意学习资源的使用方式。

统编教材读写单元的课文、整本书阅读单元的"阅读指导""学习任务"，以及活动单元的"学习活动""学习资源"等栏目，或显或隐地提供了丰富的学习资源。以高中语文必修上册为例，第四单元"家乡文

---

[1] 段玉裁：《说文解字注》，中华书局，2013年版，第652页。
[2] 中华人民共和国教育部：《普通高中语文课程标准》（2017年版2020年修订），人民教育出版社，2020年版，第51页。

化生活"的"学习活动"栏目提供了访谈记录表、选题参考、调查报告结构表及《调查的技术》《访谈法》等拓展延伸的阅读资料;第五单元"整本书阅读"的"阅读指导"栏目提供了阅读学术著作的五个策略,并在"学习任务"栏目渗透了学习方法和拓展资料;等等。

我们在梳理教材所提供资源的基础上,还要创造性地使用资源。

1.拓展运用教材资源,由教材的"某一个"资源勾连"某一类"资源。

可以是相同背景的资源。例如,学习高中语文选择性必修中册第二单元课文《记念刘和珍君》时,可以勾连同一背景("三一八"惨案)的另外三篇:朱自清《执政府大屠杀记》、林语堂《悼刘和珍杨德群女士》、石评梅《痛哭和珍》,将它们整合在一起,形成极富比对性的"群文阅读"[①],拓展延伸对课文的理解。也可以是相同体裁的资源。例如,上文所提到的统编版语文教材高中必修下册第八单元,作为"微信公众号推送论说文章"这个任务的延伸,可以推荐魏徵的《十渐不克终疏》,苏轼、苏辙、李桢的《六国论》,贾谊的《过秦论》《论积贮疏》,主父偃的《谏伐匈奴书》等文章,让学生从中选择一两篇继续推送,巩固学生的辩证思考与分析能力。[②]

2.模拟学生认识过程,根据学生需要补充学习资源。

学习资源数量庞大、种类繁多,但是,学生的学习时间和能力有限,如何精准选择学生需要的学习资源?我们需要模拟学生的认识过程,发现学生的知识缺口,提供精准的补给。例如,上文所举的统编版语文教材高中必修上册第一单元"青春的价值"案例的学习准备阶段,学生在"小说叙事与抒情"主题学习中,需要了解小说在叙事与抒情方面的发展过程、丰富关于小说抒情的感性认识,可以补充《小说与抒情》(高远东、吴士增)、《竹林的故事》(废名)、《荷花淀》(孙

---

① 定雄、管然荣:《统编高中语文教材学习资源的呈现与使用》,《中学语文教学》,2020年第10期。
② 吴欣歆、朱来青:《依托教材自然单元发挥学习任务群的综合效应——以高中语文必修下册第八单元为例》,《语文建设》,2021年第3期。

犁）三篇文章。① 又如统编版语文教材高中必修上册第八单元的第一项学习活动"丰富词语积累"的子任务"丰富熟语积累"，建议举办"领略成语魅力"的主题语文活动，但是后面的学习资源中涉及成语的内容极少，不足以支撑学生完成这项任务，需要补充关于成语结构特征和文化信息的研究文章或者工具书，为学生的自主梳理和分析提供方法和例证。

3. 准确把握资源定位，按照选文类型确定使用方法。

教师对选定的学习资源类型应该有清晰的定位，根据不同的类型设计不同的使用方法，不能千篇一律。有些学习资源属于"例文"，例如"小说叙事与抒情"主题学习中补充的《竹林的故事》（废名）、《荷花淀》（孙犁）两篇文章，学习的关注点主要在其写作形式；有些学习资料属于"样本"，例如"中华传统文化专题研讨"任务群的《诗经》专题学习中，补充《〈诗经〉的语言特色研究》（贾娟）、《〈诗经〉复沓章法散论》（李荀华）等论文，从研究方法和论文结构体式上为学生提供了参照、模仿的样本②；有些学习资源属于"用件"，例如必修上册第四单元"家乡文化生活"提供的一系列学习资源，学生需要关注其中介绍的访谈方法、调查方法等内容，而不需要专门分析这些文章的写作形式。

四、学习任务群的教学评价原则

"语文学习任务群"的教学评价应着眼于语文核心素养的整体发展，以具体的语文学习任务情境为载体，对照任务群的学习目标和内容，关注学生在学习过程中的具体表现，引导学生形成自我监督和自我反思的意识，综合发挥检查、诊断、激励、引导等多种功能。

---

① 纪秋香：《吟唱青春 拥抱未来——统编高中语文教材必修上第一单元教学建议》，《中学语文教学》，2020年第2期。
② 吴欣歆：《高中语文学习任务群教学笔记》，北京师范大学出版社，2020年版，第100页。

（一）对照学习目标

语文学科的总目标是培养学生的语文学科核心素养。教师应关注学生在阅读与鉴赏、表达与交流、梳理与探究等学习活动中建构的关键能力，形成语文核心素养的评价内容框架，如表5-6所示。

表5-6　语文核心素养评价内容[①]

阅读与鉴赏	表达与交流	梳理与探究
整体感知	叙述表现	积累整合
信息提取	陈述阐释	筛选提炼
理解阐释	解释分析	规整分类
推断探究	介绍说明	解决问题
赏析评价	应对交流	发现创新

另外，教师还需对照特定学习任务群的学习目标和内容进行评价。例如，"语言积累、梳理与探究"任务群的评价，可以围绕"积累""梳理""探究"三个关键词分解出若干评价指标：积累的语言材料和言语实践经验的数量是否充分？种类是否丰富？能否进行分门别类的有序积累？积累的语言材料和言语实践活动能否有效整合？能否依照一定的标准梳理积累好的语言材料？是否具备自觉梳理的意识？能否自主查找资料、运用合理的方法探究语言运用规律？能否运用相关规律解决自己在言语实践活动中遇到的问题？等等。

（二）关注学习过程

语文学科核心素养是学生在言语实践活动过程中建构起来，并在真实的语言运用情境中展现出来的。以发展核心素养为总目标的语文学习任务群教学，自然不能把最后呈现的学习成果作为唯一的评价依据，而要关注学生在学习过程中的具体表现，包括"活动中表现出来的参与程度、思维特征，以及沟通合作、解决问题、批判创新等能力，记录学生

[①] 中华人民共和国教育部：《普通高中语文课程标准》（2017年版2020年修订），人民教育出版社，2020年版，第48页。

真实、完整的任务群学习过程"[1]。

例如,"实用性阅读与交流"任务群在采访任务环节,可以让学生编制一个采访评价表[2],如表5-7所示。评价指标覆盖采访计划、采访过程、成果展示三个环节,展现学生学习的个性特点和具体问题,为教师及时引导和学生自我监控提供依据。

表5-7 采访评价表

项目	目标要求	评价结果	评价方式
采访计划	1. 选择的采访对象有一定的新闻价值; 2. 计划安排合理,要求明确; 3. 分工合理,团队合作。	等级(优、良、合格、不合格)	小组自评 教师复核
采访过程	1. 气氛自然、和谐; 2. 提问得体,且有启发性,有新闻价值; 3. 采访能步步深入; 4. 采访小组成员配合默契。	等级(优、良、合格、不合格)	小组自评 教师复核
成果展示	1. 采访记录完整、清晰; 2. 形式完整,符合新闻作品要求; 3. 新颖,可读性强。	等级(优、良、合格、不合格)	小组自评 各组互评 教师复核

(三)发挥导向作用

"评价向人们(包括学生、教师、家长以及其他相关利益人)传递了一种信息:在教学中,哪些东西是有价值的,哪些东西是不重要的。"[3]教师根据评价过程和评价结果了解学生的学习情况,及时进行引

---

[1] 中华人民共和国教育部:《普通高中语文课程标准》(2017年版2020年修订),人民教育出版社,2020年版,第45页。
[2] 王岱:《铭记历史,珍爱和平——"实用性阅读与交流"任务群之新闻专题教学设计》,《语文建设》,2019年第8期。
[3] 转引自胡根林:《以表现性评价引导语文实践活动落地生根——对"家乡文化生活"单元教材内容教学化的思考》,《语文建设》,2020年第11期。

导,推动学习活动前进,也可以作为教学反思和教学优化的依据。学生参照评估表了解学习方法和学习成果标准,反思自己的表现,分析自己在语文学习中的优势和不足,及时调整学习方向。我们可以鼓励学生参与制定评价方案,进行学生自评和互评,在此过程中发展学生自主学习的能力,形成自觉提升语文核心素养的意识。

为了发挥评价的导向作用,撰拟评价方案的活动可以放在学习实践之前,各项评价指标的内容应基于学习目标,描述应尽量具体明确。例如,表5-8所示是"青春的价值"校园朗读者活动中针对活动文案撰写任务制订的评估表[1],从整体结构、主题表达、访谈提纲、主持人串词和小组分工情况等方面设计评估指标,为学生提供了撰写方法和评估标准的明确指引。

表5-8 "青春的价值"校园朗读者活动文案评估表

评估内容	评估指标	评估
整体结构	文案包括主题、采访提纲、主持人串词及其他工作的说明内容	
主题表达	主题鲜明,合于"青春的价值"主题内容,符合《朗读者》节目场景的表达要求	
访谈提纲	体现访谈目的,访谈问题逻辑层次清晰,关于"青春的价值"及文学欣赏的深度问题安排合理,能引起嘉宾互动	
主持人串词	围绕节目主题,串联起各个环节的内容,语言准确、恰当,富有感染力	
小组分工情况	具有较强的团结、合作精神,主动承担工作,相互支持、帮助	

(北京教育学院 张琨、许艳)

---

[1] 纪秋香:《吟唱青春 拥抱未来——统编高中语文教材必修上第一单元教学建议》,《中学语文教学》,2020年第2期。

第二节 教学案例:"在生活中学语文、用语文"

"实用性阅读与交流"是高中语文教学中的重要内容,但由于种种原因,这一部分的教学长期以来被轻视甚至忽视。新课标设置了"实用性阅读与交流"学习任务群,旨在引导学生关注社会、关注现实、关注生活,并在生活中学语文、用语文。

"实用性阅读与交流"学习任务群学习内容丰富多样,教师若能根据学生的实际情况选择恰当的教学内容、设计合理的学习活动,引导学生在活动、实践中将他人的言语经验转化为自己的言语经验,进而解决现实生活中的实际问题,对提高学生的语文学习和适应社会的能力将大有裨益。

与一般的作品阅读不同,"实用性阅读与交流"的重心在"实用"上,学生学习是为了适应社会,为了在生活中应用。例如,学习演讲词不是为了分析经典演讲词的妙处,而是学习经典演讲词的写作技巧,学会写作针对不同对象、适合不同场合、主题明确、逻辑清晰的演讲词;学习如何调查、访谈并非只出于好奇心,而是在实践的过程中总结方法、得出结论、解决实际问题;学习会谈、谈判、应聘面试的应对、陈述、致辞等,就是为了让学生学会在不同的场合和情境下,得体地运用口头或书面语言表达观点、与人交流。

"实用性阅读与交流"涉及生活的方方面面,新课标建议的三大类别,高中阶段的教学是无法全部覆盖的。因此,教师可以选择学生在学习和生活中能经常用到、能发挥作用,同时又符合本校资源、条件、学情的学习内容。例如,演讲词写作和现场演讲技巧、新闻阅读和热点新闻追踪、复杂说明文的阅读等。除此之外，也可以创造性地选择生活中常用但新课标中没有提及的内容。

"本任务群要达到的目标有两个：第一条教学目标针对的是'社会交往类'和'新闻传媒类'学习内容，第二条教学目标针对的是'知识性读物类'学习内容。在第一条教学目标中，'学习多角度观察社会生活'是指让学生在各种具体的社会交往情境中或者在分析与研究当代社会传媒的实际过程中观察社会生活；'掌握当代社会常用的实用文本'是指让学生掌握'社会交往类'中的各类实用文本以及'新闻传媒类'中媒体的常见言语形式；'善于学习并运用新的表达方式'是指让学生在具体的实践中掌握运用当代社会各类实用文本的能力，如新的表达方式。第二条教学目标是对学生学习说明产品的能力的要求，既有对说明介绍一般科技文化产品的普通要求，也有对说明科普作品、社会科学类作品的较高要求。无论是第一条教学目标还是第二条教学目标，都是语文运用能力目标，不是知识目标，这一点要特别注意。"[1]

虽然"实用性阅读与交流"也有赖于文本阅读，但它的实用指向，使它具备了社会化和实践性的特点。"实用性阅读与交流"任务群的教学注重学生学习的社会情境创设，以社会情境中的学生探究性学习活动为主，合理安排阅读、调查、讨论、写作、实践等活动，让学生在真实、生动的学习情境中，通过亲历、体验与参与的方式完成相应的学习任务。引导学生从阅读到写作，从写作到实践，从课堂走向社会，学会多角度地观察社会生活。所有学习的推进在"活动"中展开，引导学生通过丰富的探究活动，在真实的情境中掌握各类当代社会实用文本的基本写作方法，并学会在生活中恰当运用。例如，新闻传媒类内容的学习，最好让学生在相应的社会情境中去实践体验；又如，面向社会大众的演讲，最好让学生在一个真实的活动项目中去完成学习任务。

---

[1] 王宁、巢宗祺：《普通高中语文课程标准（2017年版2020年修订）解读》，高等教育出版社，2020年版，第135—136页。

同时,"实用性阅读与交流"学习任务群注重探究学习。本任务群的三类学习内容和调查、讨论、写作、访谈等形式丰富的学习活动,决定了学生的学习过程应该是探究式的而不是单纯的"知识学习式"的。

基于以上分析,我们为"实用性阅读与交流"任务群设计了"演讲词写作与演讲""新闻阅读、分析与写作""复杂说明文阅读与写作"三个学习项目,其教学目标、教学资源、教学过程与教学成果如下。

一、教学目标

(一)"演讲词写作与演讲"教学目标

1. 在阅读鉴赏优秀演讲词的过程中,感受不同风格演讲词的语言之美、思想之美,提升审美品位。

2. 在尝试写作演讲词的过程中,通过梳理和整合,学习写作演讲词的基本方法。能根据不同的语言情境写作演讲词,文明得体地表达自己的情感、态度和观念。

3. 通过阅读、写作演讲词,参与主题演讲活动,积累言语活动经验,获得逻辑思维、辩证思维和创造思维的发展,提升思维品质。

(二)"新闻阅读、分析与写作"教学目标

1. 通过追踪、分析新闻热点事件,丰富自己对现实生活的感受和理解。能够辨识、比较、分析、归纳、概括基本的语言现象和社会现象,能有理有据地表达自己的观点。

2. 在新闻采访活动中,能根据不同的采访对象,运用口头语言文明得体地进行表达和交流。

3. 在新闻阅读、热点事件追踪分析、新闻采访与写作的过程中,培养关注社会的意识,提高社会责任感。

(三)"复杂说明文阅读与写作"教学目标

1. 学会运用简明生动的说明性文字,逻辑清晰地说明比较复杂的事理。

2.能根据具体的语言情境和不同的对象,运用得体的口头语言说明事物、阐明事理。

3.通过参与垃圾分类相关活动,培养关注社会的意识,提高社会责任感。

二、教学资源

本设计三个学习项目的教学资源说明如下。

(一)"演讲词写作与演讲"教学资源

1.使用的教学资源。

(1)孙绍振《演讲稿的写作》。

(2)《美国演讲专家理查德即兴演讲的"四步曲"》。

(3)丁肇中《应有格物致知精神》。

(4)丘吉尔《我们将战斗到底》。

(5)马丁·路德·金《我有一个梦想》。

(6)蔡元培《就任北京大学校长之演说》。

(7)电影《至暗时刻》片段(丘吉尔《我们将战斗到底》)、马丁·路德·金《我有一个梦想》演讲视频、《我是演说家》演讲视频。

2.选择以上教学资源的原因。

教学资源中孙绍振《演讲稿的写作》《美国演讲专家理查德即兴演讲的"四步曲"》是理论指导类的,有助于学生明确演讲词的基本特点及写作的基本要求和技巧。丁肇中《应有格物致知精神》、蔡元培《就任北京大学校长之演说》、马丁·路德·金《我有一个梦想》、丘吉尔《我们将战斗到底》这四篇是不同类型的优秀演讲词,这些演讲词因为演讲者身份不同、演讲的场合不同、针对的问题不同而呈现出迥然不同的风格,有的风趣幽默、有的思想深刻;有的慷慨激昂、有的循循善诱。赏析这四篇不同风格的演讲词,有助于学生明确如何有针对性地写一篇演讲词。有关演讲词写作理论的文章，不仅可以让学生了解什么是演讲词、演讲词的基本特点、演讲词的写作技巧，同时还能帮助学生学习实用类文章准确、简洁、平实的语言风格。

赏读四篇优秀演讲词，从中梳理、归纳这几篇文章的结构特点和语言运用方面的优点，学生不仅可以更进一步学习演讲词的写作技巧，同时也能从这些优秀文章中汲取作者的思想精华，使自身的思想境界得到提升。同时，这些优秀演讲词层次清晰、逻辑严密，可以为学生下一个阶段学习议论文写作打下基础。

观看演讲视频，学生能从中学习现场演讲的技巧，提升现场演讲的能力。同时，演讲者的学识、眼界、情怀、思想境界，以及现场表现出的自信、睿智等个人魅力，也会对学生的成长产生深远的影响。

3. 教学资源的使用建议。

两篇理论指导类文章，语言简洁明了，理论与具体实例相结合，可以让学生课下自读，梳理、归纳写作演讲词的一些具体技巧。四篇演讲词异中有同，课堂上可以通过比较阅读的方式，引导学生分析、归纳这四篇演讲词的相同点和不同点。求同的比较，可以突出演讲词"这一类"作品作为实用性文体的独有特征；求异的分析可以引导学生注意针对不同的演讲对象、结合不同的演讲环境和演讲内容写作得体的演讲词，学会演讲词的个性化写作，为自己的现场演讲做好准备。还可以让学生反复诵读这四篇优秀演讲词，揣摩其中的语气、停顿、情感的放与收，再辅以演讲视频的欣赏，帮助学生掌握现场演讲的技巧。

（二）"新闻阅读、分析与写作"教学资源

1. 使用的教学资源。

（1）高铁"霸座女"事件分析报告。

（2）常用采访提纲范例。

2. 选择以上教学资源的原因。

任务一试图引导学生通过对热点新闻事件的追踪分析，培养深入思考问题的思维品质。同时，希望学生在事件梳理、词频图设计、写作

分析报告的过程中形成综合分析问题的意识和能力，有理有据、逻辑清晰地表达自己的思考。高铁"霸座女"事件分析报告，内容贴近学生生活，写作思路可供学生借鉴和模仿。任务二试图引导学生在前期大量阅读新闻稿的基础上回归生活，在真实的语文学习活动中学会采访和新闻稿的写作。常用采访提纲范例可以帮助学生了解采访提纲的基本范式。

新课标在"学科核心素养"中指出："思维发展与提升是指学生在语文学习过程中，通过语言运用，获得直觉思维、形象思维、逻辑思维、辩证思维和创造思维的发展，促进深刻性、敏捷性、灵活性、批判性和独创性等思维品质的提升。"[①]学生在阅读新闻时能够意识到实用性阅读与文学性、思辨性阅读的不同，但是判断信息与得出结论的过程大多凭借"直觉思维"，思维品质有比较大的提升空间。热点事件追踪研究，能够帮助学生由"直觉思维"向"逻辑思维""辩证思维"发展，提升思维品质。同时可以引导学生在信息爆炸的当下，培养自己辨别新闻真伪及对新闻事件做出独立思考和判断的能力，还可以引导学生向优秀的新闻工作者学习，培养学生的社会责任感。

3.教学资源使用建议。

高铁"霸座女"事件分析报告和常用采访提纲范例这两份资料是作为"分析报告"和"采访提纲"的写作范例提供给学生的，教师可以先引导学生分析这两份资料的写作要素和写作思路，帮助学生掌握分析报告和采访提纲的基本写作范式。

（三）"复杂说明文阅读与写作"教学资源

1.使用的教学资源。

（1）《垃圾分类指导手册（居民版）》（人民交通出版社）。

（2）《垃圾分类市民读本》（上海人民出版社）。

（3）《两张图带您了解北京开展垃圾分类的紧迫性和现实意义》。

[①] 中华人民共和国教育部：《普通高中语文课程标准》（2017年版2020年修订），人民教育出版社，2020年版，第4页。

（4）《垃圾变资源！这不是魔法，而是垃圾分类》。

（5）垃圾分类查询网。

（6）搜狗垃圾分类智能查询。

（7）微信小程序：垃圾分类宝典、垃圾分类查询秘书。

2. 选择以上教学资源的原因。

垃圾分类是目前的热门话题之一，与每个人的生活紧密相关。本设计以两本与垃圾分类相关的书籍和几篇与垃圾分类相关的文章为主要学习资源，希望学生通过阅读，不仅能掌握说明文的一般写作规律，还能获取与垃圾分类相关的知识，以此来解决现实生活中的问题。

《垃圾分类市民读本》和《垃圾分类指导手册（居民版）》这两本书与《两张图带您了解北京开展垃圾分类的紧迫性和现实意义》《垃圾变资源！这不是魔法，而是垃圾分类》这两篇文章可以帮助学生获取有关垃圾分类的意义、垃圾分类的方法等方面的信息，帮助学生学习说明文的写作技巧，同时，也为任务二中学生编辑"垃圾分类宣传彩页"提供了参考思路。此外，学习资源中有大量的图表，在教学过程中根据任务需要，可以培养学生阅读非连续性文本、进行图文转换等能力。两个网站和两个微信小程序，可以帮助学生搜索有关垃圾分类的知识，有助于学生完成相关学习任务。

说明文的核心价值就是要以准确严谨的数据、形象直观的语言将事物或者现象的特点揭示出来。要想全面而深入地介绍某一种具体的事物，作者就需要对介绍这一事物的思路、视角和材料进行全面的审视与洞察。学习这些文本，能帮助学生形成科学的逻辑思维能力，培养学生的科学精神。同时，所用资源与现实生活有密切关联，有利于培养学生关注生活、关注社会的意识，有助于提高学生运用所学解决现实生活中问题的能力。

3. 教学资源的使用建议。

在完成"垃圾分类的意义"宣传橱窗布置这一任务时，学生需要先阅读《垃圾分类指导手册（居民版）》第一章的内容和《两张图带您了解北京开展垃圾分类的紧迫性和现实意义》《垃圾变资源！这不是魔法，而是垃圾分类》两篇文章，从中筛选出有关"垃圾分类意义"的信息，并分条罗列。学生在阅读过程中，不仅可以获取相关知识，还可以学习说明文的一般写作规律。在完成"生活垃圾分类的方法"宣传橱窗布置这一任务时，学生需要阅读《垃圾分类市民读本》第二章和《垃圾分类指导手册（居民版）》第二章，并结合"垃圾分类查询网""搜狗垃圾分类智能查询"和微信小程序"垃圾分类宝典""垃圾分类查询秘书"上的内容，获取有关垃圾分类方法的知识，并学习这些文本中的说明顺序、说明方法等。

三、教学过程

本任务群为1学分，18课时，三个学习项目的具体课时安排如表5-9所示。

表5-9 "实用性阅读与交流"学习任务群课时安排

学习项目	学习任务	所用课时
项目一：演讲词写作与演讲（共需6课时）	任务一：演讲词阅读与写作	4课时
	任务二：演讲展示	2课时
项目二：新闻阅读、分析与写作（共需6课时）	任务一：热点新闻追踪	3课时
	任务二：新闻采访与写作	3课时
项目三：复杂说明文阅读与写作（共需6课时）	任务一：协助社区开展"生活垃圾分类"宣传工作	4课时
	任务二：设计垃圾分类宣传彩页	2课时

项目一：把我"讲"给你听——演讲词写作与演讲

演讲类文章也称演讲词、演讲稿，是演说者在公共场合和集会上，就某一问题发表自己的观点、表达自己的情感或阐明某种事理的讲话文稿，而演讲是一种重要的口语交际能力。在我们的日常学习、工作和生活中，演讲词写作和现场演讲越来越成为一种重要的技能。

（一）学习情境

2019年是中华人民共和国成立七十周年，为了向祖国七十华诞献礼，高一年级将于2019年9月举办"我的祖国·我的梦"主题演讲月活动，请全体高一同学积极参与。活动实行班级选拔推荐制，各班在全员参与的基础上推选优秀选手参加年级的演讲比赛，最终全年级将评出一、二、三等奖若干名。

（二）学习任务

任务一：演讲词阅读与写作

1.完成"我的祖国·我的梦"主题演讲词的写作提纲。

（1）围绕活动主题，自拟标题，列出写作提纲。组内交流写作提纲，组员互评，找出各自的提纲存在的问题。

（2）阅读《就任北京大学校长之演说》《应有格物致知精神》《我有一个梦想》三篇演讲词，用思维导图的形式梳理这三篇演讲词的结构层次。先分组交流这三篇演讲词的结构层次对自己写作演讲词提纲有哪些帮助，再全班交流。

（3）阅读《美国演讲专家理查德即兴演讲的"四步曲"》，结合之前对三篇演讲词结构层次的分析，总结演讲词的常用结构及使演讲词结构清晰的方法。全班交流这篇文章对写作演讲词提纲有哪些帮助。

（4）组内再次交流提纲，组员之间进一步提出修改意见，修改、确定自己的写作提纲。

2.完成"我的祖国·我的梦"主题演讲词的初稿。

（1）依据提纲完成演讲词初稿，组内同学互评彼此的初稿，从"优点"和"存在的问题"两个方面为本组成员写出简明、有针对性的评语。评语可以是圈点批注式的，可以是整篇总评，也可以是两种方式的结合。

（2）精读丘吉尔《我们将战斗到底》、马丁·路德·金《我有一个梦想》这两篇演讲词,圈点批注,从修辞手法运用、语言风格两个方面欣赏这两篇演讲词的精彩之处。

要求:先自主完成两篇演讲词的赏读任务,组内交流之后,每组选择其中一篇的赏析与全班同学交流——这篇演讲词中修辞手法运用、语言风格等对自己写作演讲词有哪些启发。

(3)除了老师推荐的这几篇演讲词,请大家搜集资料,将你最欣赏的演讲词(可以是整篇,也可以是片段)整理好并加上自己的点评,全班举行一次"演讲词欣赏会",大家可以讲评、朗诵,可以模仿、表演,也可以播放录音、视频。

(4)阅读孙绍振《演讲稿的写作》,结合之前对优秀演讲词的赏读,梳理、归纳演讲词的特点及写作演讲词的技巧。

(5)修改自己的初稿,完成第二稿。组内交流第二稿演讲词,每个小组至少推荐一份优秀作品,与全班同学交流,并说明推荐理由。组与组之间提出可行的修改意见。

3. 将同学的优秀演讲词编辑成册,留存在校图书馆,为学弟学妹提供学习资料。

要求:

(1)为这本演讲词选集命名。

(2)为这本演讲词选集写一篇前言,主要介绍演讲词写作的学习过程和学习体验。

(3)选集中的前两篇文章要呈现写作的全过程,即有提纲、初稿、第二稿和最终稿。

(4)以上编辑过程中的各项任务由各小组分工协作完成。

任务一设计意图:任务一共有三个子任务。第一步完成"我的祖国·我的梦"主题演讲词的写作提纲,要求学生从提纲写起,相对容易,能减轻学生的畏难情绪。当学生在写作提纲的过程中遇到困难时,教师适时地提供几篇结构层次清晰的经典演讲词,引导学生通过分析经典演讲词的结构,学习如何列出思路清晰的提纲。演讲词的结构层次并无"定法",不必要求学生必须采用何种结构,但学生至少应该明确写作时要紧紧围绕演讲的主题，在结构安排上至少掌握并列式、递进式等基本写作范式。

第二步在"骨架"的基础上填充"血肉"完成初稿，针对学生写作中出现的问题，教师再次引导学生阅读几篇优秀演讲词，同时开展"演讲词欣赏会"这一活动，让学生在阅读和活动中学习这些演讲词在语言运用方面的技巧。

第三步将同学的优秀演讲词编辑成册，这是对前两个任务的收束，通过编辑演讲词选集的活动激发学生参与的热情，让学生获得成就感，同时也能帮助学生梳理前一阶段的学习所得。

任务二：演讲展示

1. 从丘吉尔《我们将战斗到底》、马丁·路德·金《我有一个梦想》这两篇演讲词中任选自己喜欢的片段，在组内做一次演讲，组员互评。

2. 观看丘吉尔《我们将战斗到底》、马丁·路德·金《我有一个梦想》等演讲视频，与自己的演讲做对比，揣摩视频中的语气、停顿、情感的放与收，一起交流现场演讲时调动气氛、增强感染力的技巧。

3. 每个同学根据自己写的演讲稿，录制一段"我的祖国·我的梦"主题演讲视频。

要求：

（1）时长控制在3—5分钟。

（2）要有恰当的背景和配乐设计。

（3）要注意演讲过程中的语气、语调、情感等，能恰当运用肢体语言。

4. 全班同学一起制定评分标准，观看同学的演讲视频，评出优秀作品。

要求：

（1）每个小组先制定一份评分标准，在班级展示。（评分标准要顾及演讲词的写作和演讲的现场效果两大方面。要简明、清晰、可操作性强）

（2）全班在各小组展示的基础上，共同优化、确定评分标准。

（3）班内评出一、二、三等奖若干名。

（4）修改、重录自己的演讲视频。将修改后的视频制作成班级演讲视频集，刻成光盘，与"优秀演讲词选集"一同留存校图书馆，为学弟学妹提供学习资料。

任务二设计意图：任务二由四个子任务组成。子任务一和二是为了引导学生将自己的演讲与经典演讲对比，从经典演讲的视频中学习现场演讲的技巧，提升现场演讲的能力。任务中的视频资料，可以由教师提供，也可以动员学生搜集他们喜欢的、认可的优秀演讲视频资料，师生共同探讨。子任务三由学生自己录制演讲视频，学生可以在录制过程中进一步揣摩演讲的技巧。子任务四让学生在前一阶段学习的基础上，自己制定评分标准，有助于调动全体学生参与的积极性，同时也可以对前一阶段所学的知识再做一次梳理。

项目二："走近、走进"新闻——新闻阅读、分析与写作

新闻，是指报纸、电台、电视台、互联网等媒体用以记录社会、传播信息的一种文体。它的种类很多，如消息、通讯、特写、评论等。身处信息化的社会，我们每天被海量的新闻包围，选择可信度高的信息，经过完整的思考过程做出合理的判断，得出符合逻辑的、理性的结论，这是未来社会合格公民应具有的基本素养与思维品质。

（一）学习情境

每天被海量新闻包围的你，是否经常采用浏览式、碎片化的阅读来获取信息？你有多久没有持续关注、深入分析一个新闻事件了？人云亦云的人抑或冷漠麻木的看客都不是我们的追求，独立思考、关注社会才是当代青年的应然状态。

接下来的一周，我们将首先以新闻评论者的身份，追踪热点新闻并分析其背后隐藏的社会心理状态；接着化身记者，选择学校或社区里发生的某一热点事件，采访事件相关人物，为校园网的"热点速递"栏目或学校、社区的微信公众号撰写新闻稿。

(二) 学习任务

任务一：热点新闻追踪

持续关注新浪、网易、人民网、凤凰网四个网站或者学校的贴吧一个星期，追踪这些网站或贴吧一周之内的热点新闻事件，完成以下任务：

1. 梳理这些热点事件，填写如表5-10所示的表格，以小组为单位在班级交流。

表5-10 一周热点新闻事件梳理

关注时段：2019年×月×日—×月×日			
序号	事件名称	事件概述	出现频次	热度排序
1				
2				
3				
……				

2. 模仿示例，设计一张本周热点事件中的"热词"词频图。

3. 热点事件分析。

（1）从以上热点事件中选择你最感兴趣的一个，参照高铁"霸座女"事件分析报告，完成一份《××事件分析报告》。

（2）梳理这些热点事件之间的共通点或者其他联系，用几个词语或短语加以概括。选择其中一个词语或短语，分析这一共通点或联系反映了什么样的社会心理或社会现状，并谈一谈你对这样的社会心理或社会现状有什么样的看法。

任务一设计意图：任务一由三个子任务组成，以学生每天都会接触到的热点新闻为主要教学资源，贴近学生生活，容易激发学生参与的热情。关注的网站可以由教师规定，也可以由学生自主选择，或者教师与学生一起讨论决定。这一任务试图引导学生通过对热点新闻事件的追踪分析，培养深入思考问题的思维品质。同时希望学生在热点事件梳理、词频图设计、写作分析报告的过程中提升有理有据、逻辑清晰地表达自己思考的能力，并形成综合分析问题的意识。

任务二：新闻采访与写作

选择学校或社区里发生的某一热点事件，采访事件中的相关人物，为校园网的"热点速递"栏目或学校、社区的微信公众号提供一篇新闻稿（消息、通讯、评论都可以）。

1. 小组合作，完成采访任务。

（1）组内明确采访任务的分工：准备采访工具、搜集资料、设计采访提纲、提前与被采访者沟通、做好采访记录、整理采访稿等。

（2）准备好采访工具：录音笔、手机、采访本等。

（3）参照常用采访提纲范例和如表5-11所示的表格，设计好采访提纲。

表5-11　采访提纲示例

采访目的	
采访时间	
采访地点	
采访对象	
采访工具	
采访问题	对象A 问题：…… 对象B 问题：…… 对象C 问题：…… （依此类推）

2. "一起来找碴儿"。

（1）从校园网、学校或社区微信公众号上找几篇自己感兴趣的新闻稿，找出这些新闻稿中存在的问题，先在组内交流，再全班交流。

（2）梳理、总结写作新闻稿应该注意的问题。

3.整理采访资料，撰稿成文。

（1）完成新闻稿，组内互评稿件，提出修改意见。

（2）每个组推选出一篇优秀稿件，组与组之间再评，进一步修改稿件。

（3）全班一起评价，选出三份优秀稿件推荐给校园网、学校或社区微信公众号。

任务二设计意图：任务二由三个子任务组成。试图引导学生在前期大量阅读新闻稿的基础上，回归生活，在真实的生活情境中学会采访和新闻稿的写作。

项目三：垃圾分类你我他——复杂说明文阅读与写作

说明文是一种主要采用说明的表达方式，以解释事物、阐释事理为目的的文章。其特征是：表达方式以说明为主、内容以介绍知识为主、写作态度以客观解释为主。这类文章在普及科学知识、倡导科学方法、传播科学思想、弘扬科学精神、激发科学兴趣、启迪科学心智、提高科学文化素质方面发挥了重要的作用。

说明文学习，不仅要关注作者所讲述的科学事实，更要关注作者是如何将这些科学事实联结在一起的，如说明顺序、说明方法、语言表达等。

（一）学习情境

2019年7月1日，《上海市生活垃圾管理条例》正式实施。随后，北京也开始推动垃圾分类立法。在垃圾分类即将全面推行的形势下，学校附近的社区服务中心打算开展垃圾分类宣传工作。宣传工作由两部分构成：一是在小区内布置几组垃圾分类宣传橱窗，二是结合宣传橱窗的内容，为小区内的老人和小学生讲解生活垃圾分类的方法。

请各位同学帮助社区服务中心完成相关工作，并运用此次活动中积累的经验，为学校设计一份垃圾分类宣传彩页。

（二）学习任务
任务一：协助社区开展"生活垃圾分类"宣传工作
1. 完成"生活垃圾分类宣传橱窗"的布置。
（1）布置"垃圾分类的意义"宣传橱窗。
①阅读《垃圾分类指导手册（居民版）》第一章和《两张图带您了解北京开展垃圾分类的紧迫性和现实意义》《垃圾变资源！这不是魔法，而是垃圾分类》两篇文章，再查阅其他相关资料。要求：

a. 各小组从阅读资料中筛选出与"垃圾分类的意义"有关的信息，分条列出。

b. 全班交流，完成一份语言简明、条理清晰的"垃圾分类的意义"的橱窗宣传文稿。

②设计一份"垃圾分类倡议书"，与"垃圾分类的意义"的文稿一同放在橱窗中。

（2）布置"生活垃圾分类的方法"宣传橱窗。
①各小组设计布置方案。要求：图文并茂，条理清晰，通俗易懂。
②阅读《垃圾分类市民读本》第二章和《垃圾分类指导手册（居民版）》第二章，结合"垃圾分类查询网""搜狗垃圾分类智能查询"和微信小程序"垃圾分类宝典""垃圾分类查询秘书"上的内容，修改、充实本组的设计方案。

③全班交流，取各组设计的长处，全班讨论确定一个最佳设计方案。要求：选择合适的图片，并为这些图片写出准确、简明的文字说明，图文结合，帮助居民了解垃圾分类的方法。

2. 请协助社区工作人员，结合宣传橱窗内的内容，为小区的老人和小学生讲解生活垃圾分类的方法。
（1）结合"垃圾分类的意义""生活垃圾分类的方法"两组橱窗内的宣传内容，梳理讲解思路，针对老人和小学生这两类不同的受众，分别写出讲解稿。

要求：说明内容全面，说明顺序合理，语言准确、简明，针对不同的对象使用得体的说明语言。

（2）各小组间相互交流讲解稿，提出修改意见。全班交流，推选出一份写给老人的讲解稿和一份写给小学生的讲解稿。

（3）利用课余时间，结合宣传橱窗的内容，分组向社区的老人和小学生讲解生活垃圾分类的方法。讲解时注意语言表达清晰准确、通俗易懂、简明得体。

任务一设计意图：任务一创设了"协助社区完成生活垃圾分类宣传工作"的情境，贴近学生生活，能激发学生的学习兴趣。"说明垃圾分类的意义"这一相对简单的任务，可以培养学生在阅读过程中提取主要信息的能力。写作橱窗宣传文稿、挑选合适的图片、为图片写文字说明等活动，在生动有趣的情境中引导学生用简明准确的文字说明事物或事理，并且要注意说明顺序和不同说明方法的恰当使用。在此过程中，培养了学生阅读非连续性文本及图文转换的能力。为小区内的老人和小学生讲解生活垃圾分类的方法，意在引导学生在面对不同的受众时选择恰当、得体的说明语言。

任务二：设计垃圾分类宣传彩页

运用此次社区宣传活动中积累的经验，为学校设计一份垃圾分类宣传彩页。

1. 各组先设计一份宣传彩页的提纲，小组之间交流，提出修改意见。
2. 全班交流、讨论，确定一份提纲。
3. 根据提纲，完成宣传彩页。

要求：

（1）图文并茂、语言简洁准确、思路清晰，能很好地指导同学们做好垃圾分类。

（2）各小组根据各自特长分别承担绘图、文案、整体布局安排、校对、后期制作等任务。

任务二设计意图：在于让学生通过对垃圾分类宣传彩页的设计，将任务一中习得的知识和能力做一次梳理和巩固。彩页设计的任务都在课下进行,课堂的2课时主要用于展示交流和互相提出改进意见。

四、教学成果

(一)学生成果展示

"垃圾分类你我他——复杂说明文阅读与写作"的任务二要求学生设计垃圾分类宣传彩页,这里呈现学生的部分成果。

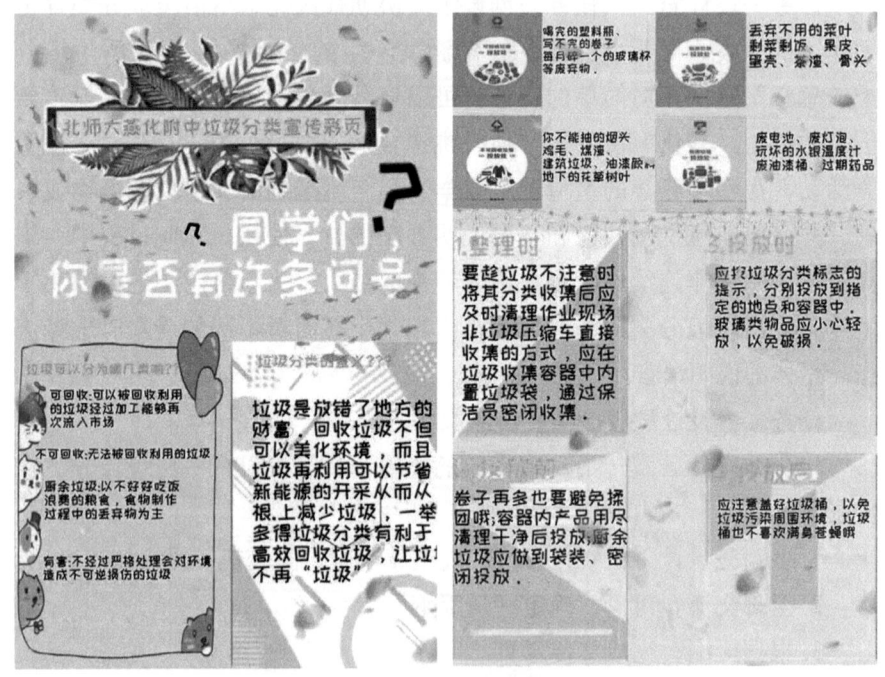

图5-1 垃圾分类宣传彩页一

(北京师范大学燕化附属中学 李依虹)

图5-2 垃圾分类宣传彩页二

（北京师范大学燕化附属中学 李泊言）

（二）成果说明

这项作业的设计呼应活动目标（一）和（三）：学会运用简明生动的说明性文字，逻辑清晰地说明比较复杂的事理；培养关注社会的意识，提高社会责任感。在此任务的驱动下，学生自主阅读与垃圾分类相关的学习资源，积累阅读复杂说明文、非连续性文本及跨媒介获取信息的实践经验；在阅读过程中获取垃圾分类的相关知识，提炼说明文的写作方法，并结合"学校"这一特定环境，转化成更加简明生动、具有针对性的语言表达出来；关注垃圾分类活动在现实推进过程中存在的问题，并运用所学解决现实问题，提高作为社会公民的责任感。学生在完成这项作业时体现出较高的积极性，最后呈现出的成果比较令人满意。

  需要改进的地方有两个：一是由于时间限制，成果类型较为单一；二是没有事先提供细化的评价方案，学生在任务分解与落实的过程中分工不够明确，各个环节的目标也不够清晰，这些在今后的设计与实施中需要进一步优化。

（北京师范大学燕化附属中学　穆兰）

第三节　专家点评：以语文实践提升综合能力

"实用性阅读与交流学习任务群",从名称来看,特色和重点在"实用"。"其显在的课程价值是多种实用文本阅读能力与书面表达能力的培养,是实际语言运用能力的培养,是口语交际能力的培养;其隐含的课程价值是实用文本阅读与交流中的思维品质的培养,是高水平的创造性的沟通能力的培养,是对传统优秀文化传承和多元文化理解交流能力的培养。"①

穆兰老师的案例《在生活中学语文、用语文》,在设计中尽量兼顾了本学习任务群中要求的三类学习内容,即"社会交往类""新闻传媒类""知识性读物类",并带领学生对这三类中的部分内容开展了相关学习活动。

该学习任务群设计的可取之处在于：

第一,设计的活动都关注了真实的社会情境,是学生在现实生活中要处理解决的真问题,对学生参与社会生活、提升思想水平、培养其向上向善人格都有积极的意义。

第二,在设计中体现了"以学生的语文实践为主线"的原则,如结合"社会交往类"的学习内容,学生的主要实践任务是完成一次主题演讲;针对"新闻传媒类"的学习内容,学生的实践任务是完成一份《××事件分析报告》,以及选择身边热点事件,采访相关人物,提供一

---

① 王宁、巢宗祺：《普通高中语文课程标准（2017年版2020年修订）解读》,高等教育出版社,2020年版,第134页。

篇新闻稿;针对"知识性读物类"的学习内容,学生则要协助社区开展垃圾分类宣传工作,完成一系列设计任务。

第三,整体的设计体现了教师对本学习任务群的目标有清晰的认识,在根据目标设定相关主题和任务时,有引导学生开展探究性学习的意识。例如,当撰写演讲稿时,由学生分别先拟提纲和初稿,在有了初步体验的情况下,开展优秀演讲稿的阅读与学习,让学生合作探究优秀演讲稿的结构与语言特色,并推荐给学生关于演讲实践方面的指导性文章,以启发学生进一步修改自己的作品;例如,提供高铁"霸座女"事件分析报告及常用采访提纲范例,为学生撰写自己的事件分析报告和开展采访活动提供可资借鉴的示范性材料;再比如,提供多元多样的垃圾分类学习资料,作为学生开展宣传活动的参考,并鼓励学生共享共建学习资源等。

应该说本学习任务群给一线教师留下了很大的自主选择学习内容的空间。穆兰老师在设计中对教材所提供的阅读材料与实际教学所需要的学习材料进行了多元的重组,反映了教师教学理念的更新和探索实践的良好意识。我们也看到,老师除了提出对学生有挑战性的学习任务,还尝试通过组织材料,给学生铺设使其容易学习的台阶。例如,为完成"垃圾分类的意义"与"生活垃圾分类的方法"两项橱窗布置任务,分别给予不同的学习材料,有不同的实践侧重点。

当然,有些设计也可以商榷。例如,目前选择的是不是最好的教学材料,是否将相关材料用在了最适宜的地方。例如,《美国演讲专家理查德即兴演讲的"四步曲"》,即兴演讲作为临时发言,更关注口头表达,对演讲词写作的理论价值是否达到了我们期待的效果?或许还可以在以后的教学中发掘新的资源,例如,克里斯·安德森《TED TALKS 演讲的力量》,在演讲稿的写作方面就具有一定的指导性。

对有些环节的设计,也可以进一步探讨。例如,在演讲展示环节,观摩丘吉尔和马丁·路德·金的演讲视频,的确可以感受有个性的演讲者的个人魅力,及其发言的感染力,看到其调动现场氛围的能力。而让学生选择段落对其进行模仿的意义,可能就要打折扣了。模仿,会使原本个性化的演讲失去该有的真诚与自然，或许在演讲中"做回自己"才是打动人心的法宝。另外，作为在公共场合的发言，演讲的现场感非常重要。演讲者要调动观众聆听的兴趣，与观众建立相互信任的关系，要力求说服观众，让观众理解自己主题的重要意义。而用个体录制视频的方式，显然难以达到与观众互动的效果。同时，学生也可能会失去当众发言不怯场的锻炼机会。相信学生若在高中阶段有一次于稠人广坐中大胆演讲的经历，会是一次深刻的体验。我们至少可以让学生在小组内进行有观众在场的演讲，身临其境地感知观众的反响，然后结合观众的反应再做出适当的调整。还有，词频图呈现的形式或许并不重要，而什么词会成为高频词，有时是大数据统计的结果。系统自动生成的高频词，或许比人为设定的内容更客观，也更有探究的价值。

再有，穆兰老师已经很敏锐地注意到了制定评价的标准对学生行为操作的价值，或许可以先拟定评价标准，再操作实践，借助师生对标准的深度思考，可以对学生需要提升能力的目标有更明确的认识，也可以让我们更清晰地判断学生是否在活动中有效地开展了真正的学习。

综上所述，学习任务群的设计对老师提出的挑战在于：找到学生关心、关注的话题，在任务设计中吸引学生有效地参与，通过对相关问题和操作过程的自我反思和及时评价，帮助学生在整个过程中提升思维品质与语言实际运用能力。

（北京四中正高级教师　刘葵）